中外文化文学经典系列 馆配版

边城
导读与赏析

主 编 常汝吉

本册编者 王素敏 李小燕

现代教育出版社
Modern Education Press

图书在版编目（CIP）数据

《边城》导读与赏析 / 王素敏编 . –– 北京 : 现代教育出版社，
2017.10

（中外文化文学经典系列 / 常汝吉 , 李小燕主编）

ISBN 978–7–5106–5839–6

Ⅰ . ①边… Ⅱ . ①王… Ⅲ . ①阅读课 – 高中 – 课外读物
Ⅳ . ① G634.333

中国版本图书馆 CIP 数据核字（2017）第 256049 号

《边城》导读与赏析

主　　编	常汝吉　李小燕	
出 品 人	陈　琦	
选题策划	王春霞	
本册编者	王素敏	
责任编辑	王春霞　荣　荣	
装帧设计	管　斌	
出版发行	现代教育出版社	
地　　址	北京市朝阳区安华里 504 号 E 座	
邮　　编	100011	
电　　话	（010）64251036（编辑部）	
	（010）64256130（发行部）	
经　　销	全国新华书店	
印　　刷	北京领先印刷有限公司	
开　　本	710mm×1000mm　　1/16	
印　　张	10.75	
字　　数	200 千字	
版　　次	2017 年 10 月第 1 版	
印　　次	2017 年 10 月第 1 次印刷	
书　　号	ISBN 978-7-5106-5839-6	
定　　价	29.80 元	

把灵魂滋养成晶莹剔透的水晶

——《中外文化文学经典系列》总序

　　每日里繁忙的学习工作、生活琐事，仿佛让我们心灵蒙上了一层厚厚的积垢，压得人喘不过气来。只有夜深人静之时，在桌前摊开一卷引人入胜的好书，心随书中的主人公一起，遨游在另一个世界中，才得以享受片刻的安宁。趁着这静谧的夜，我们的灵魂从容地沐浴着文学的菁华，慢慢地浸染、陶冶，终将滋养成一块晶莹剔透的水晶。

　　这就是经典名著的魅力——润物无声，如静水流深，温柔而有力量。

一、何谓经典

　　《现代汉语词典》上说，"经典"就是"传统的具有权威性的著作"。所谓传统，就是经过了历史的大浪淘沙，从千万著作中脱颖而出。经典作品往往通过作家个人独特的世界观和不可重复的创造，凸显出丰厚的文化积淀和人性内涵，提出一些人类精神生活的根本性问题。它们与特定历史时期鲜活的时代感以及当下意识交融在一起，富有原创性和持久的震撼力，从而形成重要的思想文化传统。

　　经典的文学作品一般具备以下四个特征：

　　首先，作品关注的是人类的终极问题，主题直击人性。就像《呐喊》直击民族性格的劣根性，《巴黎圣母院》用四个主人公来探讨外在美与心灵美的四种不同组合……经典的文学作品因其主题的跨时空性，而深受不同时期、不同民族的读者的喜爱，在时间的淘洗下历久弥新。

　　其次，经典作品的人物形象大多塑造得鲜活丰满，立体而有层次感。《三国演义》中的曹操，虽性情奸诈，但他一统天下、造福百姓的理想和抱负，又令人不得不钦佩。他既有礼贤下士的胸怀，又有借刀杀人的果决，还不乏对酒当歌的豪迈。他的性格多元化，是一个有血有肉、立体丰满的"典型"。

　　第三，经典作品的情节大都起伏跌宕、扣人心弦。《红楼梦》叙事宏大而巧妙，四大家族的命运、几百个人物的生活经历，以草灰蛇线、伏脉千里的形式，若隐若现，却又清晰可循。

第四，经典作品的笔触细腻，即便是环境描写，也无一处是闲笔。《雷雨》中暴风雨前压抑的气氛，为繁漪面对周朴园时的痛苦、与周萍的感情纠葛营造了绝佳的呈现背景。

二、为什么要读经典

经典文学名著虽然有诸多优秀基因，然而在资讯发达的今天，微信、微博、文化快餐比比皆是，连纸媒的生存都举步维艰，还有多少人能静下心来，读这些大部头的作品呢？甚至，有不少人质疑，今天读经典名著的意义何在？

愚以为，读经典可以让我们在这个喧嚣浮躁的时代，回归安静的思考。当今信息的碎片化，导致读者往往急于了解故事情节，缺乏深度思考，甚至简单片面地看待问题，妄下定论。而潜心品读经典文学作品，细细揣摩作品人物所承载的人性的真善美和假恶丑，会让我们看人、看问题更加全面深入，也让我们自己的灵魂丰盈、闪闪发光。

三、如何阅读经典

经典是在阐释者与被阐释文本之间互动的结果。正所谓"一千个读者心中有一千个哈姆莱特"，各个时代不同读者的解读，共同构成了经典作品独特而丰富的内涵。有些甚至形成了一种专门的学问，就如中国有"红学研究会"，英国有"莎士比亚研究会"一样。中学生阅读经典文学作品，除了自己用心揣摩原文之外，还应该多了解前代读者共性化、多元化的解读。只有这样，才能对作品有更全面的、多角度的理解。这也是我们编选这套丛书的目的——帮助初读经典的中学生们迅速入门。编者在选编文章时有意识地收录同一问题的各家之言，形成争鸣，让学生直观地感受到对于经典的一般认知和个性化解读共存。

让我们在前人的引领下，冲出迷雾，走入辉煌的文学殿堂，感受大师的风采，细品精美的文字所蕴含的丰厚内涵。

王富

捧读经典，打开启迪心智之门

中学时代，是一个人一生中重要的成长阶段。

成长需要阳光雨露、需要呵护与培育，因此，中学时代除了要完成学校课堂作业以外，课外阅读无疑是"雨露滋润"不可或缺的。课外阅读，不仅能让中学生启迪心智、开阔视野、积累知识，而且还是加强人文修养、提高综合素质的重要途径。

习近平总书记可以说是博览群书的楷模。他对读书有自己的独到见解，他说过：我年轻时读了不少文学作品，涉猎了当时能找到的各种书籍，不仅其中许多精彩章节、隽永文字至今记忆犹新，而且从中悟出了不少生活真谛。

读书固然重要，但读什么书更是关键。在浩如烟海的书籍中，中外经典名著无疑是书海中的璀璨明珠，是人类智慧的结晶。因此，读书就要读经典名著。从大量中外名人的成长经历中，我们知道阅读经典名著对他们所起到的重要作用。经典名著可以说是架起青少年与人类代代相传美好传统的心灵桥梁，通过对经典名著的感悟从而形成良好的语言与文字直觉，对提高青少年的表达理解能力更是大有裨益。

习近平总书记指出："文艺深深融入人民生活，事业和生活、顺境和逆境、梦想和期望、爱和恨、存在和死亡，人类生活的一切方面，都可以在文艺作品中找到启迪。文艺对年轻人吸引力最大，影响也最大。"

现代教育出版社根据中央关于"推广群众阅读活动"的精神，结合中学生的成长特点，经过与专家学者的反复研究及听取一线教学老师的建议，精心选编了这套《中外文化文学经典系列》丛书。

这套丛书所选取的名著，不仅仅是经过岁月的洗礼流传下来的文学精粹，也是国家教育部颁布的全国中高考语文《考试说明》中要求中学生必读和必考的书目。

打开这套书，读者会走近一个个文学巨匠、走进一篇篇文学名著，真切地感受经典。从《红楼梦》到《边城》，从《红岩》到《平凡的世界》，你会得到许许多多的人生感悟；会懂得许许多多做事和做人的道理；你会领悟到面对困境，要勇于拼搏、奋斗的精神……

跟其他文学经典选读本不同的是，这套丛书具有贴近中学生身心成长的实用性，它着眼于对中学生心灵的净化和思想品质的培养。这种文学名著的陶冶，能使世界观正在形成期的中学生，在文学的浸润中，得到正能量的潜移默化。所以说，此书的编者力求以多层面、多视角来培养学生用发散的思维理解这些经典名著。

读书的真谛是什么，只有在捧读经典中才能感悟。相信每个阅读这套丛书的读者，会在阅读中拉近跟名家的距离，从中得到许多历史文化知识，感知生活的真善美。一个人在成长的道路上，也许会对"心灵鸡汤"感到厌烦，但经典文学名著会打开另一扇启迪心灵之门，让你在寒冬里感受到春风，在黑暗中看到光明，在迷茫中发现希望。这种阅读的妙趣，也只有通过阅读才能体会到。

开卷有益。相信您会喜欢这套丛书的。

前　言

打开一本书，就如同打开了一个世界，也许看到了一位沧桑的老人、一艘破旧的小船、一条干枯的六鱼；也许听得到古战场厮杀的刀剑声、深宅红楼内的嘤嘤呜咽声、旧中国知识分子胸腔里吼出的呐喊声；也许嗅出《海底两万里》尼摩船长灵与肉的焦灼、宇宙外空间传回的神秘讯息、异域国度中父与子骨髓里散出的铜臭味。多读经典名著，提升领悟要义的本领，为终身发展打下良好的精神底子，势在必行！

读万卷书，听万家言，行万里路，助推人格魅力形成，一群有梦想的编者们聚在一起，不仅打开一卷卷书，还把一位位大家点评、阅读融会起来，帮助读者走进书中的故事，揣摩语言的魅力，感受作品的深意，逐步形成个体的言语经验，在具体的语言情境宀正确有效地理解、运用祖国文字进行交流与沟通。广泛地阅读，应该能获得对语言和文学形象的直觉体验，多维度地听取不同人的阅读心得，能够更加丰富文学形象的立体感，能够在辨识、比较、分析与归纳中，锻炼逻辑思维和批判性思维能力，从而使得"行万里"更加具有深刻性、灵活性、敏捷性、批判性与独创性。

功利一点说，2017年发布的全国高考语文《考试说明》增加了基础运用和阅读类样题，明确提出要对经典名著阅读进行考查，北京卷语文学科《考试说明》中也增加了对阅读经典的要求，"附录"在保持原有"古诗文背诵篇目"不变的同时，增加"经典阅读篇目例举"；在现代文阅读和古诗文阅读中，提出"对中外文学经典""对中国古代文化和文学经典"的"理解、感悟和评价"。对经典阅读的考查内容进一步细化，主要包括：对作品基本内容、主旨或观点的整体把握；

结合作品，对人物形象、思想内涵和艺术特色或表现手法的理解、分析；基于知识积累和生活经验，对作品价值、时代意义的感悟和评价；对古代文化经典的积累、理解和运用。这些都凸显了培养中小学生阅读能力和阅读素养在当下语文教学中的重要性。

为了提高中学生阅读经典的能力和文化素养，我们组织了北京的部分语文高级教师，从已经发表在核心期刊上的与此次所选篇目相对应的文献进行了认真、细致的挑选，秉着名师名家、名校名作；主题明确、观点鲜明；紧扣考点，通俗易懂；分析透彻、视角独特的原则，选编了这套《中外文化文学经典系列》丛书。

从高考语文未来考查形式而言，这些经典书籍的题目呈现方式多样、灵活，既可以表现在阅读类题目中，也可能是写作题目中。对于授课老师而言，就要引导考生由"浅阅读"向"深阅读"的阅读习惯转变。所以我们在《中外文化文学经典系列》丛书的选编过程中，以全新的形式，独特的视角，用现代人的眼光和科学方法解读这些经典著作，本着客观、公允、多方位的精神，使学生受益，从而拉近经典著作和学生的距离，使他们能从多角度了解这些经典著作，引导和培育学生发散性和多层面的理解经典著作，使学生提高文学素养和阅读兴趣，让他们了解中外文化文学经典著作的深刻精髓，终身受益。

本书编写组

2017 年元月

目

录

◉ **经典回放·作品简介**

◉ **第一章 知人论世·作家印象**

◉ **第二章 他山之石·文章赏析**

✿ 第三章 奇文共赏·比较阅读

✿ 第四章 故乡韵味·民俗文化

✿ 第五章 影城欣赏·读出自我

经典回放·作品简介

边城

内容简介：中篇小说。沈从文著。初载于1934年《国闻周报》第16期，是作者的代表作之一。作品问世后，被译为多种外文。小说以湘西山城茶峒为背景，描写船总顺顺的两个儿子天保、傩送兄弟同时爱上了老船夫的外孙女翠翠。后哥哥天保主动退让，驾船离家，不幸落水丧生；弟弟傩送痛苦万分，便把对翠翠的恋情深埋心底，也远行桃源。不久，老船夫也在一个雷雨交加的夜晚与世长辞。孤苦伶仃的翠翠则怀着悼念外祖父和思念情人的双重感情继续守着渡口，期待着"心上人"傩送的归来。作品以朴实明快、清淡自然的笔触，写出了湘西淳厚朴实的人情风俗，以及瑰丽幽雅的山林水色，赞美了纯洁无私的人情美和男女之间的情爱美，具有浓郁的地方色彩。《边城》所反映的爱情故事，客观上是对旧的婚姻关系的批判。它为乡土文学开辟了新的艺术天地，是现代文学民族化的成功尝试，也是"在世界范围内已受到热烈欢迎的一部作品"。（朱光潜《从沈从文先生的人格看他的文艺风格》）司马长风在《中国新文学史》中称颂《边城》"是一部最长的诗""又像是二十一幅彩画连成的画卷""她不仅是沈从文的代表作，也是三十年代文坛的代表作"。

知识来源：徐廼翔：《中国现代文学词典·小说卷》，广西人民出版社，1989年，第435页。

第一章

知人论世·作家印象

作者小传

沈从文（1902—1988）

原名岳焕，字崇文，后改从文。苗族。湖南凤凰人。笔名有小兵、懋林、炯之、休芸芸、上官碧等43个。祖父沈宏富（1837—1865），原以卖马草为生，后投湘军，积战功至贵州提督。父沈宗嗣（？—1931），清军裨将。曾欲谋刺袁世凯，未果；后为辰州军医院医正。母黄素英，凤凰书院山长黄河清的女儿，读书多，见识广，会照相。兄弟姊妹九人，沈从文排行第四。姊妹四人早殇，生存五人，计兄弟姊妹各一。兄沈岳麓，美术家。弟沈岳荃（1906—1950），黄埔军校毕业，抗日中曾荣立战功，升团长、南京政府国防部检察官，中将。随部队起义。镇反中在辰溪河滩上被枪决，"文革"后平反。

6岁入塾。"我的气度得于父亲的影响较少，得于妈妈的较多。她教我识字，认识药名，教我思考和决断——做男子极不可少的思考以后的决断。"（《从文自传》）13岁入凤凰城文昌阁小学，和老师田名瑜结下终生情谊。

15岁，以补充兵名义加入湘西土著部队靖国联军，驻沅陵。不久升班长，编入游击支队的司令卫队，读到《辞源》《西游记》，以至《申报》。一位军法长根据《论语》"焕乎其有文章"，为沈岳焕取字"崇文"，后自己改为"从文"。17岁去沅州，在团防局做办事员，收屠宰税。大舅是熊希龄产业管理人，让从文在沅州的旧熊公馆住了一年，读了史、汉，和几大箱的林译狄更斯小说。20岁再次入伍。在靖国联军第一军司令陈渠珍身边做书记，还负责保管古画文物、20来箱书，又得以饱览。

1923 年冬到北京，住在前门外杨梅竹斜街一间潮湿的小屋，命名"窄而霉小斋"。1924 年，因生计无着，向各名流投书求助。11 月 13 日，当时担任北京大学讲师的郁达夫，得信后到"小斋"看望沈从文，并请他吃饭。事后，郁达夫写《给一位文学青年的公开状》，给予鼓励。不久郁即向《晨报·副刊》主编刘勉己等推荐，沈从文开始向该刊投稿。12 月，与作《京报·民众文艺周刊》编辑的胡也频相识。1925 年，北京大学哲学系教授林宰平在读到《遥夜》后，发表文章称其"全文俱佳"，这是现代文学史上对沈从文作品的第一篇评论。林将沈的困境告诉梁启超，梁遂介绍沈到熊希龄的香山慈幼院图书馆工作。9 月，经林宰平介绍，在新月社的朗诵会上认识徐志摩。1925 年 10 月，徐接编《晨报·副刊》，把沈从文与胡适、郁达夫、闻一多等并列为特约作者，并着重介绍沈从文的作品。从 1924 年 12 月到 1927 年 12 月，3 年间，共发表沈从文作品 101 篇，平均每月 3 篇。1926 年，第 1 本散文、小说、戏曲、诗歌合集《鸭子》出版。翌年，小说集《蜜柑》出版。这些早期作品，大多叙述亲身经历，"我只想把我生命所走过的痕迹写到纸上"。

1928 年 1 月，抵上海。与胡也频、丁玲合作筹办文学刊物《红黑》《人间》（分别在 1929 年 1 月和 10 月创刊，但均短命，不及一年即结束）。并参加"新月社"，在《新月》发表作品。本年，经徐志摩介绍，胡适聘为吴淞中国公学讲师，主讲大学部一年级现代文学选修课。后任教于武汉大学，得与学生张兆和相识。1931 年 2 月胡也频被秘密枪杀。后来写出《记胡也频》《记丁玲》两篇名文，记叙他们当时的生活和友情。

1931 年秋，应杨振声之邀，赴青岛大学任教，11 月徐志摩遇难，赶往济南，与张若奚、金岳霖、梁思成等向死者遗体告别。1932 年底，张兆和到青岛，在校图书馆内编英文书目。1933 年 5 月，丁玲被捕。沈从文写《丁玲女士被捕》《丁玲女士失踪》等文章，参与上海文化界知名人士对丁的营救活动。

1932 年夏，应杨振声之邀，到北平编写中小学教材。1933 年 9 月 9 日，与张兆和结婚，居西城达子营。接替"学衡派"吴宓，主编《大公报·文艺》副刊。秋，开始写作《边城》，次年春完成。在湘西一个古渡头，摆渡的老艄公和他的孙女翠翠相依相守，水手大佬、二佬都倾心于翠翠，接着是种种误解，大佬、爷爷的相继死亡，二佬的出走，只剩下翠翠与青山绿水相伴。"《边城》仅约 7 万字，可能是最短的一部长篇小说，实际上则是一部最长的诗。全书 21 节，每节两千到三千多字。每一节是一首诗，连起来成一首长诗，又像是 21 幅彩画连成的画卷。这是古今中外最别致的一部小说，是小说中飘逸的仙女。她不仅是沈从文的代表作，也是三十年代文坛的代表作。"（司马长风《中国新文学史》）李健吾认为沈从文是一个走向"自觉的艺术"的小说家，《边城》是用"艺术的心灵来体味一个更其真淳的生活"。"可爱"是他小说的特征，"他所有的人物全可爱"，他要读者"走进他理想的世界，一个肝胆相见的真情实意的世界"。朱光潜说翠翠"表现出受过长期压迫又富于幻想和敏感的少数民族在心坎里那一股沉忧隐痛，翠翠似显出从文自己这方面的性格"。沈从文则说《边城》"一切充满了善，然而到处是不凑巧。既然是不凑巧，因之朴素的善终难免悲剧"。"《边城》中人物的正直和热情，虽然已经成为过去了，应当还保留些本质在年轻人的血里或梦里。"又说："我实在是个乡下人。""乡下人，照例有根深蒂固、永远是乡巴佬的性情，爱憎和哀乐自有他独特的式样，与城市中人截然不同。"

1934 年初，沈从文回到凤凰县，沿途写给张兆和的书信后来编成《湘行散记》，与《从文自传》同是他最好的散文作品。前者写湘西如诗如画的山水，写千年不变的历史中湘西人的不幸，都带有"无言的哀戚"；后者写自己奇特的经历，同时勾勒出奇特的社会景观，残酷中的微笑，远古的愚昧，以及人性的美。

1937 年 7 月，卢沟桥事变。8 月 12 日，与杨振声、朱光潜、梁宗岱等离开北平南下，经天津、南京、武汉至沅陵。年底，开笔写长篇小说《长河》，至 1942 年脱稿。《长河》计划写四卷，仅只完成一卷。继续着《边城》的风格，而在田园诗中，又加入篇幅不少的社会批判内容，有着喜剧色彩。

1938 年三四月间到昆明，任西南联大师范学院副教授，次年任北京大学教授。1939 年发表《一般与特殊》，1942 年又写《文学运动的重造》，吁请作家共同努力，将文学从商界和官场中解放出来，使文学作品的价值，从"普通宣传品"变成"民族百年立国的经典"。因此，受到左翼文学批评家的误解和激烈攻击，甚至被视为反对作家抗战的反动文学思潮。

1946 年夏，离云南回北平，仍在北大任教，并担任《益世报·文学周刊》《经世报》《平明日报》《大公报》等报刊编辑。1948年，在《大公报》发表《芷江县的熊公馆》，又受到左派作家批判。郭沫若发表《斥反动文艺》，点名批判沈从文，说他一直有意识的作为反动派而活动着，而他的《摘星录》《看云录》是蛊惑读者、软化斗争情绪的"桃红色作品"（尽管郭当时并未读过这两本集子，并且把《看云录》和《看虹录》混为一谈），还谴责沈从文作品中的所谓"色情描写"。

1949年，张兆和入华北大学学习。沈从文自杀未遂。入颐和园中央革命大学学习，约10个月。后随工作组赴四川宜宾，参加短期农村土地改革工作。回京后，被调随军代表清理整顿北京各古董商店，事毕，即要求留在故宫博物院从事文物研究工作，获得同意。1953年，曾以美术组成员身份参加第二次全国文代会。会中，毛泽东曾询问沈从文的工作和身体情况，并说："你还可以写点小说嘛。"上海开明书店曾来信，称沈的作品过时，已印未印书稿及纸型将全部代为焚毁。从此，拒绝各报刊约稿，切断与文学界的最后联系。而物质文明史的研究专著却不断出版，如《唐宋铜镜》《旧中国漆器》《中国丝绸图案》《龙凤艺术》等书，都是极有学术价值的上乘之作。1957年，人民文学出版社出版《沈从文小说选集》，作《题记》："当更大的社会变动来临，全国人民解放时，我这个和现社会要求脱节了的工作，自然难以为继，于是终于停顿下来了。一搁就是八年。"这是50年代至70年代末，沈从文出版的唯一的文学书。1958年，为庆祝反右斗争胜利，周扬设宴招待文艺界人士，席间宣布：北京文联主席的工作，我们想请沈从文同志担任。沈从文当场辞拒不就。

1963年，接受文化部副部长齐燕铭转达的周恩来委托，开始《中国古代服饰研究》的写作。1964年春，初稿完成。全书载120幅文物图像，"以实物为主，与文献相互印证，相互补充，相互纠偏，从联系比较中鉴别是非，得到新认识"，第一次科学地展示古代服饰的原始面貌和发展脉络，是一部开山之作。由于社会上"阶级斗争""反修防修"的政治气候，本书难以面世。

1978年，从中国历史博物馆调到中国社会科学院历史研究所，进行《中国古代服饰研究》一书的最后校正增补，1981年由商务印书馆香港分馆出版，当即为国内外学术界所瞩目。社科院院长胡乔木致信祝贺，称："实为我国学术界一重大贡献。"沈从文说本书"虽具有一个长篇小说的规模,内容却近似风格不一、分章叙事的散文"(《中国古代服饰研究·引言》)。

1980年10月至1981年2月,应邀偕夫人张兆和赴美访问,与美国文化界、学术界名流和华人作家、学者有广泛接触,受到热烈欢迎。

1982年,《沈从文文集》12卷,开始出版。1983年1月,美学家朱光潜教授发表《关于沈从文同志的文学成就历史将会重新评价》(《湘江文学》1983年第1期)。1985年12月,为庆祝沈从文文学创作和文物研究70周年,《光明日报》发表《坚实地站在中华大地上——访著名老作家沈从文》长篇专访。

1988年4月,不同意举办沈从文国际研讨会。在给有关人士的信中,沈从文申明此意说:"《庄子·大宗师》:'大块赋我以形,劳我以生,佚我以老,息我以死。'孔子曰:'血气既衰,戒之在得。'这两句话非常有道理,我能活到今天,很得力于这几个字。""我最不需要出名,也最怕出名。写几本书有什么了不起?何况总的说来,因各种理由,我还不算毕业,哪值得夸张!我现在尽量做到不为外人所知,而达到忘我境界。"

1988年5月14日,沈从文在北京逝世。巴金送了花圈,并致唁函给张兆和:"文艺界失去一位杰出的作家,我失去一位正直善良的朋友,他留下的精神财富不会消失,我们三四十年代相聚的情景还历历在目。我永远忘不了你们一家。"冰心打电话表示哀悼。内妹夫妇傅汉思、张充和题挽联:"不折不从,亦慈亦让;星斗其文,赤子其人。"沈从文执教西南联大时的学生、"京派"小说家汪曾祺评论说:"(沈从文)是真诚的爱国主义者、最甘于淡泊的作家,这不仅是人的一种品格,也是人的一种境界。"

1989年3月,湘西凤凰县沱江镇中营街24号故居辟为纪念馆。

1992年5月,沈从文逝世五周年之际,夫人张兆和、子沈虎雏、孙沈红等人护送骨灰返故乡凤凰,一半撒入沱江,一半葬在听涛山下。墓地仅立一天然五色石,正面碑文为自题手记"照我思索,能理解'我';照我思索,可认识'人'"。背面碑文为内妹张充和女士撰联并手书,碑刻均为雕塑家刘焕章所镌。年底,《沈从文别集(袖珍本,20册)》出版。

1993年,由北岳文艺出版社出版《沈从文全集》的签约仪式,在北京人民大会堂举行。

有二子一义女：长子沈龙朱（1934—）机械工程师。次子沈虎雏（1937—）供职于北京某花木公司。义女朝慧，弟沈岳荃之女。

著有：《鸭子》（散文、小说、戏剧、诗合集，1926 年）、《蜜柑》（短篇集，1927 年）、《入伍后》（小说、戏剧集，1928 年）、《老实人》（短篇，1928 年）、《阿丽斯中国游记》（长篇小说，1928 年）、《好管闲事的人》（短篇集，1928 年）、《黄君日记》（长篇小说，1928 年）、《雨后及其他》（短篇，1928 年）、《不死日记》（短篇集，1928 年）、《呆官日记》（长篇小说，1929 年）、《男子须知》（短篇集，1929 年）、《十四夜间》（短篇集，1929 年）、《神巫之爱》（中篇小说，1929 年）、《一个天才的通信》（中篇小说，1930 年）、《旅店及其他》（短篇集，1930 年）、《沈从文甲集》（短篇集，1930 年）、《旧梦》（长篇小说，1930 年）、《石子船》（短篇集，1931 年）、《沈从文子集》（短篇集，1931 年）、《龙朱》（短篇集，1931 年）、《一个女演员的生活》（长篇小说，1931 年）、《虎雏》（短篇集，1931 年）、《记胡也频》（长篇传记，1932 年）、《泥涂》（中篇小说，1932 年）、《都市一妇人》（短篇集，1932 年）、《阿黑小史》（中篇小说，1932 年）、《慷慨的王子》（短篇集，1933 年）、《一个母亲》（中篇小说，1933 年）、《月下小景》（短篇集，1933 年）、《游园集》（短篇集，1934 年）、《如蕤集》（短篇集，1934 年）、《从文自传》（1934 年）、《记丁玲》（1934 年）、《凤子》、《边城》（中篇小说，1934 年）、《八骏图》（短篇集，1935 年）、《从文小说集》（短篇集）、《湘行散记》（散文集，1936 年）、《沈从文选集》（短篇集）、《作家间需要一种新运动》（文论，引起创作反《差不多》运动的争论）、《新与旧》（短篇集，1936 年）、《旧废邮存底》（散文集，与萧乾合集，1937 年）、《一个妇人的日记》（短篇集，1938 年）、《湘西》（散文集，1939 年）、《昆明冬景》（散文集）、《记丁玲》（续集，1939 年）、《主妇集》（短篇集，1939 年）、《绅士的太太》（短篇集，1940 年）、《如蕤》（短篇集，1941 年）、《烛虚》（散文集，1941 年）、《春灯集》（短篇集，1943 年）、《云南看云集》（杂文集，1943 年）、《黑凤集》（短篇集，1941 年）、《长河》（长篇小说，1943 年）、《沈从文杰作选》（短篇集，1946 年）、《沈从文选集》

（1985 年）等。

学术著作有：《中国丝绸图案》（与人合编，1957 年）、《唐宋铜镜》（1958年）、《龙凤艺术》（1960 年）、《中国古代服饰研究》（香港版，1981 年）等。

沈从文和汪曾祺的师生情谊

一　凡

导　读

　　本文主要阐述了汪曾祺与沈从文多年相处的师生情谊。他们交往密切，情同父子，后汪曾祺在遭遇困难时，又及时得到了沈从文的鼓励和帮助，最终确立了汪曾祺在中国当代文坛著名小说家的地位。

西南联大拜师

　　1939年夏，年仅19岁的汪曾祺怀揣着已读了多遍的《沈从文小说选》等书籍，告别了故乡高邮，千里迢迢辗转来到昆明，顺利考入心仪已久的西南联大中文系。关于个中缘由，汪曾祺后来曾不止一次地说过："我好像命中注定要当沈从文先生的学生……我到昆明考大学，报了西南联大中国文学系，就是因为这个大学中文系有闻一多先生、朱自清先生，还有沈从文先生。"

　　实际上，自从汪曾祺深深地喜爱上沈从文小说的那一天起，他心中就深深埋下了这样一个情结。进校伊始，汪曾祺就渴望着尽快拜见这位作家老师。初次在校园内见到沈从文时，他好像有些面熟，但又想不起在哪儿见过。当旁人告诉他，这就是大名鼎鼎的小说家沈从文时，他才恍然大悟。汪曾祺多么想走上去恭恭敬敬地鞠一个躬，问一声好，因为羞怯而稍一犹豫，沈从文已经走了过去。后来，汪曾祺多次在校园中见到沈从文迎面走来，总是谦恭地与同学们一道礼貌地退立一旁让沈从文先过。直至大学二年级，由于选修了沈从文开设的三门课"各体文习作""创作实习"和"中国小说史"，汪曾祺才得以正式拜谒沈从文。

首次听沈从文讲课，汪曾祺激动万分。如此近距离地端详着刚踏进教室的沈从文，他觉得与想象中的不同，那瘦小的身躯上罩着一件半新不旧的蓝布长衫，眉清目秀貌若女子，略显苍白的面庞上，却辉映着一双亮而有神的眼睛。在紧张中沉默了几分钟之后，沈从文终于在同学们的笑声中操着浓重的湘西口音开讲了。沈从文讲课时不用手势，缺乏舞台道白式的腔调，且声音又低，因此有不少同学对沈从文的课热情日减，唯独汪曾祺越听越有味儿，并深有体会地告诉同学："听沈先生的课，要像孔子的学生听孔子讲课一样，'举一隅而以三隅反'。"

沈从文教创作课主要是让学生"自由写"，他鼓励学生们想写什么就写什么。即便有时在课堂上出两个题目，也非常具体，像"我们的小庭院有什么""记一间屋里的空气"等，意在让学生像初进厂的青年工人那样，先学会车零件，然后才能学会组装。对于学生的习作，他除了仔细点评，写出很长的读后感而外，还将一些与这篇作文写法相近似的中外名家作品介绍给学生阅读，使其在对比中找到差距，得到提高。沈从文教的这些创作方法，让汪曾祺受益终身。

汪曾祺写过一篇名为《灯下》的短篇小说习作，沈从文读后，却从其稚嫩的文笔中欣喜地发现了汪曾棋长于白描，能够抓住一个个富于特征性的细节，并铺展罗织成一幅幅几乎和生活完全一样的图画。沈从文特意到图书馆找来几篇类似于《灯下》写法的作品，其中包括他自己写的《腐烂》，让汪曾祺认真品读、揣摩。在沈从文的精心指导下，汪曾祺进行了反复修改，将《灯下》改为《异秉》，由沈从文推荐发表在 1948 年 3 月《文学杂志》第 2 卷第 10 期上。汪曾祺的另一篇小说《小学校的钟声》，好几年找不到地方发表，也是沈从文亲手寄给上海的郑振铎、李健吾，在他们主办的《文艺复兴》杂志上发表的。由于沈从文很欣赏汪曾祺的文学才气，故而曾把他二年级的作业拿给四年级学生去看，还曾给他的一篇课堂习作打了 120 分。这些对于初次踏上文学路的汪曾祺来说，无疑是一个极大的鼓励。

沈从文在创作课上曾有一句口头禅——"要贴到人物来写"，对此一些同学要么不在意，要么领会不深，汪曾祺听了却如同醍醐灌顶，豁然开朗。这天，沈从文有意让他对同学们谈谈自己对这句话的理解，汪曾祺即侃侃而谈："我以为这是小说学的精髓。据我的理解，沈先生这句极其简略的话包含这样几层意思：小说里，人物是主要的、主导的，其余部分都是派生的、次要的。环境描写、作者的主观抒情、议论，都只能附着于人物，不能和人物游离，作者要和人物同呼吸、共哀乐。作者的心要随时紧'贴'着人物。什么时候作者的心'贴'不住人物，笔下就会浮、泛、飘、滑，花里胡哨、故弄玄虚，失去了诚意。而且，作者的叙述语言要和人物相协调。写农民，叙述语言要接近农民；写市民，叙述语言要近似市民。小说要避免'学生腔'。"如此透彻的理解，不仅让同学们听得入了神，更使沈从文欣喜不已。

沈从文除了在课堂上认真讲，在课外热情辅导学生而外，还以其刻苦的创作精神、严谨的创作态度为学生们树立了好榜样。有一个时期，沈从文每月都要发表几篇小说，每年总要出几本书，被誉为"多产作家"。由于他常常夜以继日地写作，以致辛劳过度，落下个爱流鼻血的毛病。汪曾祺曾多次亲眼见过沈从文染有鼻血的手稿，引起他内心极大的震动。

在西南联大就读的后期，汪曾祺与沈从文交往密切，情同父子。有一天，正患牙痛的汪曾祺去看望老师。前来开门的沈从文一见汪曾祺的腮帮子肿得老高，便默默地出去买了几个橘子抱回来。沈从文看着汪曾祺吃下两个，又将剩余的塞到他怀中，叮嘱他多吃些以便清火。

苦难相助终有所成

1943 年，汪曾祺因两门功课考试不及格而从西南联大肄业。此后，他先是在昆明市郊的一所名叫中国建设中学的私立学校当了两年教员，后离开云南，辗转来到上海，原想通过熟人或朋友找一份职业，不料却连碰钉子，手头仅有的一点钱也快花光了。汪曾祺此时情绪异常低落，甚至想到自杀。当汪曾祺把这里的遭遇写信告诉沈从文后，沈从文很快回信责备他："为了一时的困难，就这样哭哭啼啼的，甚至想到要自杀，真是没出息！你手里有一枝笔，怕什么！"信中还举了自己当年在举目无亲的情况下闯荡北京，战胜厄运发奋写作的例子，使汪曾祺既感动又惭愧。沈从文还致信上海的李健吾，请他对汪曾祺多加关照，并让夫人张兆和从苏州写了一封长信安慰汪曾祺。

此前，从沈从文的多次推荐中，李健吾已了解了汪曾祺，并也很欣赏他的才气。现在汪曾祺找上门来，他便热情地给予鼓励，并举荐汪曾祺到一所私立致远中学任教，使汪曾祺在此度过了一年多相对稳定的生活，并且有幸结识了著名作家巴金。

由于沈从文分别于1942年、1947年和1948年三次遭到文艺界有关人士的围攻，甚至被斥骂为"一直是有意识地作为反动派而活动着"，致使他在新中国成立前后，曾一度陷入严重的精神危机，并忍痛放弃了文学创作，转而从事文物考古研究工作。沈从文的这种境遇，让汪曾祺感到痛惜，他担心老师能否在文物研究上搞出什么名堂来。但没过几年，当读到沈从文那些既有见地又不乏文采的文物考古文章时，汪曾祺就放心了。许多年后，汪曾祺在为庆贺沈从文80寿辰而写的祝辞里，还由衷地赞美道："玩物从来非丧志，著书老去为抒情。"

反"右"运动中，时任中国民间文艺研究会《民间文学》编辑的汪曾祺因文获罪，在1958年夏被打为"右派"，撤了职务，工资待遇连降3级，并被下放到张家口沙岭子农业科学研究所劳动改造。在这里，汪曾祺不仅与农业工人一道起猪圈、刨冻粪、扛麻袋等，还热心参加并指导所里群众性的文化娱乐活动。孤寂苦闷的时候，汪曾祺就给家人、给老师沈从文、给老朋友写信，从充满亲情和友情的回信中，得到莫大的抚慰。

1960年底，汪曾祺被摘掉了"右派"帽子，宣布结束劳动改造，但因原单位不接收，汪曾祺还是留在农科所协助工作。当时身患高血压病住在北京阜外医院的沈从文得知此情后，不禁欣喜万分，立即给汪曾祺复信。因等不及家人为他找来信笺，他就从练习本上撕下几张纸急匆匆地写起来。沈从文全然不听夫人的劝阻，不怕因激动而使血压升高，洋洋洒洒，一气呵成长达 12 页、近 6000 字的回信。

在信中，沈从文对汪曾祺下放劳动后的收获，感到由衷的高兴，对信中流露出回不了北京的苦闷，则给予了语重心长的抚慰与鼓励："得到你 1 月 15 日的信，应当想象得出我高兴的心情。能保持健康，担背得起百多斤洋山芋，消息好得很！时代大，个人渺小如浮沤，应当好好的活，适应习惯各种不同的生活，才像是个现代人！一个人生命的成熟，是要靠不同风晴雨雪照顾的……你应当始终保持用笔的愿望和信心！好好把有用生命，使用到能够延续生命、扩大生命的有效工作方面去……你应当在任何情形下永远不失去工作信心。你懂得如何用笔写人写事。你不仅是有这种才能，而且有这种理解。在许多问题上，理解有时其实还比才能重要！"

不久，沈从文出院回家后，还曾将此信用毛笔在竹纸上重写了一次，寄给远在沙岭子的汪曾祺。从老师的这些谆谆教诲之中，汪曾祺获得了直面现实生活、战胜艰难困苦的极大勇气。汪曾祺经过坚持不懈的努力，到了 20 世纪 80 年代，终于以短篇小说《受戒》和《大淖记事》等而名扬中外，由此确立了汪曾祺在我国当代文坛著名小说家的地位。

‖**作品来源**‖

发表于《湖北档案》2014 年第 4 期。

沈从文怎样写鉴赏性评论

温儒敏

导　读

　　著名作家沈从文也是出色的批评家，他最重要也是最有影响的评论集中在他的《沫沫集》中。这本书出版于1934年的评论集收有18篇文章，以专论的形式论及各个作家。他立足与作家的视角，凭着自己率真而温和的秉性，毫无芥蒂地评论，处处闪耀着作者的智慧与学识。

　　著名作家沈从文同时又是出色的批评家。他的评论重在风格把握，带鉴赏性，体式自成一格，其最重要又最有影响的评论是《沫沫集》。这本出版于1934年的论集收有18篇文章，以专论形式论及的作家有冯文炳、落花生、施蛰存与罗黑芷、朱湘、焦菊隐、刘半农、郁达夫与张资平、闻一多、汪静之、徐志摩、穆时英、曹禺、冰心、鲁迅，等等。另还有一篇综概性的长文《论中国创作小说》，论及自五四以来的四十多位作家。《沫沫集》中的论文多写于1930年1月至1931年4月，原是沈从文在武汉大学讲授现代文学课时的讲稿，所选论的大都是二十年代成名的作家，同时期活跃的作家选得不多。这是出于讲课的需要，现代文学课多少带史的性质，要经过一些沉淀。更主要的，当时正是"革命的浪漫谛克"和左翼文学兴盛之时，主张文学独立性的沈从文对过于政治化的文学潮流不感兴趣，政治化与商品化在他看来都是岐路，不能把文学导向健全。沈从文重点选评五四时期的作家，意在总结历史经验，发扬传统，纠正他所认为的不良的创作风气。

　　写《沫沫集》时的沈从文，和《烛虚》中那个自我剖白的沈从文不全一样。《沫沫集》有更多的现实感与道德感，目标是引导读者怎样去认识、理解和赏鉴现代文学作品，纠正"恶化一时的流行趣味"（《郁达夫张资平及其影响》，《沈从文文集》第 11 卷，第 139 至 143 页）。

沈从文并不苛求所有作家都来像他那样以静美的文字表现人生形态，他所理解的五四文学传统是阔大的、能容纳种种健全风格的。唯有在影响读者的"趣味"上，沈从文有严峻的态度。他毫不留情地否定张资平小说"转入低级趣味的培养"，使读者容易得到官能的满足与本能发泄的兴味。他认为这种不健康的文学兴味与"礼拜六派"一样，只追逐"商品意义"，虽然"懂大众"很有市场，但在艺术上是一种堕落。沈从文很腻味"海派文学"，主要指的是商品化的文学。他认为张资平的小说就是"新海派"的代表之一。①

几乎在对每一位作家评论时，沈从文都着眼其总体风格，风格的勾勒和体味，往往成为他批评中最精到的部分。沈从文对风格的把捉力非常自信，常在论文的一开头就提纲挈领地将批评对象的风格特征加以提示，而且用的常是作"历史定位"的语气。下面试举几篇文章开头的风格总评，几乎都可以说是不移之论，由此也可见他对风格批评的极为重视。②

从五四以来，以清淡朴纳文字，原始的单纯，素描的美支配了一时代一些人的文学趣味，直到现在还有不可动摇的努力，且俨然成为一特殊风格的提倡者与拥护者，是，周作人先生。（《论冯文炳》）

在中国，以异教特殊民族生活作为创作基本，以佛经中邃智明辩笔墨，显示散文的美与光，色香中不缺少诗，落花生为最本质的使散文发展到一个和谐的境界的作者之一。这和谐，所指的是把基督教的爱欲，佛教的明慧，近代文明与古代情愫揉合在一处，毫不牵强的融成一片。作者的风格是由此显示特异地存在的。最散文的诗质是这人的文章。（《论落花生》）

使诗的风度，显着平湖微波那种小小的皱纹，然而却因这皱纹，更见出寂静，是朱湘的诗歌。（《论朱湘的诗》）

---

① 《论冯文炳》，《沈从文文集（第 11 卷）》，第 96 页。
② 《论汪静之的〈惠的风〉》，《沈从文文集（第 11 卷）》，第 160 页。

以清明的眼，对一切人生景物凝眸，不为爱欲所眩目，不为污秽所恶心，同时，也不为尘俗卑猥的一片生活厌烦而有所逃遁，永远是那么看，那么透明地看，细小处，幽僻处，在诗人的眼中，皆闪耀一种光明。作品上，以一个"老成懂事"的风度，为人所注意，是闻一多先生的《死水》。（《论闻一多的〈死水〉》）

还有许多篇都是这样，开门见山就作风格评定，以此作为他批评的立足点。大概当初沈从文也是考虑到课堂教学的需要，力求为所评的作家找到简明扼要的历史位置，这定位紧扣着风格特征，不旁迁他涉，可以一开始就给读者一个非常鲜明的印象。

沈从文风格批评注重的是对作品整体审美把握，他在论文的开头（或在开始评论某一作家之前）造成一个总印象（同时也是基本结论）后，就用主要篇幅引导读者去体味、理解与反思这印象（结论）。这不只是批评的操作程序问题，更是一种有特色的批评思维方式。沈从文显然不乐于使用那些很流行、方便但又可能生硬、笼统的批评概念，诸如内容、形式、主题、思想，等等，他不愿意把完整的艺术世界硬是机械地分拆开来说明。按照沈从文的逻辑，既然认为文学创作是一种人生体验的寄植，是对各种人生形态的探寻与感受，既然认为作家在"白日梦"的状态中构设艺术世界也有自足性，那么读者或批评家以浑然感悟的方式去把握，当然比纯粹理知的分析更可能接近艺术真谛。

沈从文的风格批评显然继承和借鉴了古典批评中感悟印象的方式，当他要把捉和传达某一部作品或某一作家的总体风格时，所依赖的主要是直观感性的印象，并常用鲜活的意象或色调，去造成带通感性质的评析，重在唤发读者的体味与感知。例如，评说许地山的小说散文，他就以音乐的通感来喻指其风格，说许地山用的是"中国乐器""奏出异国的调子"，"那声音，那永远是东方的，静的，微带厌世倾向的，柔软的忧郁的调子，使我们读到它时，不知不觉发生悲哀了"。[①]这种评析是以感悟印象的唤发为前提的，但又比传统的"点悟"式批评更明晰一些，约略渗入了某些理性

---

① 《郁达夫张资平及其影响》，《沈从文文集（第11卷）》，第143–145页。

的评判。沈从文明白对于现代读者，光靠点悟是难于充分沟通的，现代读者的普遍思维习惯也已经适应了分析性评判，何况对一部作品的价值判断，总要有所分析归纳。因此在对作品风格获取印象和感悟的基础上，沈从文又总是结合某些必要的分析，考察风格的成因，探讨风格的得失，并尽可能在新文学历史发展座标上确定其价值与位置。例如他适当结合作家传记材料，说明许地山那"柔软忧郁的"风格形成，跟其生活阅历、教育及宗教思想有怎样的关系。并且考察许地山的创作风格到底在哪些侧面满足与适应了五四时期的阅读心理需求。这种分析评断常给沈从文感悟式的风格批评带上某些历史感。

　　沈从文风格批评的标准之一，是作品的艺术表现能否适合作家的情性，并充分发挥作家的才华秉赋。沈从文认为"创作原是自己的事，在一切形式上要求自由，右作者方面是应当缺少拘束的"。但一个好的风格，会使读者"倾心神往机会较多"，风格的好坏不全取决于新旧，更决定于"是否适宜作者"。①沈从文很注意作家的人格情性是否自然地灌注于创作并形成独特的韵味。他最赞赏能充分体现作者人格情性并且是自然形成的风格，排拒那种一味求新逐奇，只模仿别人而不合自己情性的风格。如评析冯文炳时，②沈从文指出他较少写的《竹村的故事》和《桃园》的风格是独具的、成功的，"作者所显示的神奇，是静中的动，与平凡的人性的美。用淡淡文字，画出一切风物姿态轮廓"。他用感情的口气怡然赞评说，读冯文炳的作品，仿佛可嗅到"牛粪气味与略带稻草气味的乡村空气"，甚至从那"铿吝文字的习气"中也可以感到作者的性情习惯。他认为这种随性自在发展的风格才可能是圆熟的。但他很遗憾冯文炳稍后所作《莫须有先生传》在模仿追求周作人式的趣味，"把文字发展到不庄重的放肆的情形下"，失去了自己的人格情性，虽然是"崭新倾向"的风格转换，却不见得成功。

　　风格与人格的关系，是沈从文经常谈论的话题。这本是比较宽泛的难于捉摸的问题，但沈从文的风格批评还是比较实的，因为他在考察艺术表

---

① 《论中国创作小说》，《沈从文文集（第11卷）》，第162页。
② 以下四段引文，分别见《沈从文文集（第11卷）》，第96、103和146页。

现是否适性自在时，常常紧扣着文体评析。在沈从文看来，文体是不能有意为之的，只能用其得当；技巧作为文体的重要因素，也须适合作者情性的发挥，不能过分与勉强。风格的形成需符合自然、适度、和谐，关键是随性自在，不做作、不矫情。例如，沈从文指出施蛰存初期的小说如《上元灯》等，自有一种比较适于作者才情发展的文体，那是"略近于纤细""清白而优美"，线条柔和，气氛安详，技巧圆熟不露。这种文体所达致的风格，正好能体现施蛰存那"自然诗人"的秉赋，适于对"过去时代虹光与星光作低徊的回忆"。但随着"意识转换"，施蛰存在他稍后所作的一些小说（如《追》）中改变了宜于自己的那种纤细而从容的文体，勉强自己去写不熟悉的"概念，叫喊，流血"，纵然有技巧翻新，终究还是"失败"。①

可以看出沈从文的评论标准带有古典主义的要求，他所欣赏的作品大都是有匀称和谐风格的。他对施蛰存后期创作的评价是否确当，仍可探讨。但无可否认，沈从文格外注重文体与作者艺术个性的适合程度，并由此评判其风格的成就缺失，这种批评的角度自有独到的地方。

风格批评的整体审美把握既要有感受性的点悟诱发，又要有一定的明晰性，有适切的判断，这就难度很大。沈从文批评的功力也常见于此。为了加深读者的风格批评的认同与理解，他常用比较法，将风格接近或相异的作家放到一块来比，同中见异，异中显同，互相辉映衬托，这很能诱导读者发挥各自的品鉴力，参与品评。例如，郁达夫和张资平都是因写男女情爱而有过"轰动效应"的作家，沈从文将两者并评，指出彼此相似处，更追究不同点。他认为郁达夫的小说写"性的忧郁"，能"引起人同情"，让人"理解"人生的苦闷；而张资平永远写"三角或四角"的恋爱局面，却只能"给人趣味"或"挑逗"，"不会令人感动"。②

"理解"和"挑逗"是不同的两种效果，沈从文通过比较，很准确地点透了两者艺术品格的高下。

关于同中显异的比较，最精彩的算是沈从文将冯文炳的《桃园》与自

---

① 《论落花生》，《沈从文文集（第11卷）》，第104页。
② 《论冯文炳》，《沈从文文集（第11卷）》，第99页。

己的《雨后》比较。①

他指出两者的文体同是单纯，都喜欢用"素描风景画一样"的笔触，"同是不讲文法"，力求自然，而且同是关注描写"被人疏忽遗忘的世界"，但细加考究，彼此毕竟又有分歧"，他指出冯文炳的作品只按照自己的"兴味"去写"平静"的某"一片"农村，"有一点忧郁，一点自知与未知的欲望"，"一切与自然和谐"，"缺少冲突"，"人物性格皆柔和具母性"；而沈从文《雨后》的"兴味"却是"用矜慎的笔，作深入的解剖"，"表现出农村及其他去我们都市生活较远的人物姿态与言语，粗糙的灵魂，单纯的情欲，以及在一切由生产关系下形成的苦乐"。沈从文不避嫌地拿自己的作品与批评对象相比，是一种坦诚的气度。这种同中显异的比较能深细地区别品珠风格类型接近的作家有各自成就和局限，使读者加深对艺术个性的理解。

在风格的比较鉴识中，沈从文充分发挥其敏锐的艺术感悟力，而且善于用精警的概括将这种感悟转达给读者。这使得《沫沫集》有一种机智的品貌。他的这些文章都不长，从不用高头讲章式，要言不烦，没有批评的架势，却又在亲切的气氛中领略到智慧，特别是那种能同时唤起你艺术冲动的智慧。例如在评汪静之《蕙的风》时，沈从文一口气联类比较了同时代一批著名诗人的各种不同风格：

> 到 1928 年为至，以诗篇在爱情上作一切诠注，所提出的较高标准，热情的光色交错，同时不缺少音乐的和谐，如徐志摩的《翡冷翠的一夜》。想象的恣肆，如胡也频的《也频诗选》。微带女性的羞涩和忧郁，如冯至的《昨日之歌》。使感觉由西洋诗取法，使情绪仍保留到东方的、静观的、寂寞的意味，如戴望舒的《我的回忆》。肉感的、颓废的，如邵洵美的《花一般罪恶》。②

这种风格评析所讲求的仍然是整体审美的把握，不过要一语中的，用非常简洁的语句将所感悟的印象浓缩呈现，妙在画龙点睛。

沈从文《沫沫集》的批评重在风格的品评，基本路数比较接近李健吾（刘

---

① 《论冯文炳》，《沈从文文集（第 11 卷）》，第 98–101 页。
② 本段有关引述见《论施蛰存与罗黑芷》，《沈从文文集（第 11 卷）》，第 108–109 页。

西渭）的印象主义批评；而所依持的理论，如主张和谐、匀称、静穆的古典标准，强调直觉审美与"距离"说，突出文学的独立的地位与价值，等等，又和朱光潜的诗学美学比较一致。他们都属于"京派"批评家，在三十年代默默地耕耘而多有收获。随着历史的距离适当拉开，他们这份批评的收获就愈加为读者所珍视。

1992 年 11 月于北大镜春园且竹居

作品来源

发表于《名作欣赏》1993 年第 3 期。

湿湿的想念

沈　红

导　读

　　本文为沈从文的孙女沈红对爷爷的思念之情。文章首先对爷爷的一生做了简介，后又写到自己到湘西后的所见所感，其中对沅水对爷爷的影响做了重要阐述，有爷爷对沅水的"湿湿的想念"，也有作者对爷爷的"湿湿的想念"。

　　七十年前，爷爷沿着一条沅水走出山外，走进那所无法毕业的人生学校，读那本未必都能看懂的大书。后来因为肚子的困窘和头脑的困惑，他也写了许多本未必都能看得懂的小书、大书，里面有许多很美的文字和用文字作的很美的画卷，这些文字与画托举的永远是一个沅水边形成的理想或梦想。

　　七十年后，我第一次跑到湘西山地，溯回到沅水上游的沱江边，寻找爷爷一生都离不开的故土故水。

　　正值冬季，湘西竟然处处葱茏青翠，与北方都市的昏灰底色形成鲜明对比。山还是那座山，湾依旧是那道湾，但桥已不是那座桥，房也不是那幢房，人是新人物，事是新故事了。凤凰城镇里风味独特的吊脚楼，被速生的凤头砖瓦楼渐渐替代。县富民殷，这片土地已悄悄变了模样。

　　看不到了，爷爷，你的印象，或者只是你的梦想。你笔下的那种种传说、风情和神奇故事，我怎么想象它们，曾经在这山地水域中，发生过、流动过、闪耀过、辉煌过？而沱江这支清流，亦负载，亦推托，一点也不动声色。

　　在新与旧面前，原本只想到取舍，以为历史是笔直航道，能引导人生之船直直向前，但是所有航道，实际上都千回百折，尤其是一片太多山、太多建筑和各种人的阻隔的土地上。我回到这里，并不是要寻找你七十年前的起点，有多少风景将永远不能回来，我只想读一读你的天地，这里有着不刻意维护而能留存下去的东西。

沱江在沅水上游，在水边长大、水边懂事，爷爷的第一所学校就是这条沱江。他在自传中说："我感情流动而不凝固，一派清波给予我的影响实在不小。""我幼时较美丽的生活，大部分都与水不能分离。我的学校可以说是在水边的。我认识美、学会思索，水对我有极大的关系。"

水给爷爷三样东西：

水给了他想象力和自己的思索方式。爷爷认得书本，识得字，是从私塾小学校开始的，而他识到书本上无从写出的丰富人生，却是在校园外、老街店铺、桥头渡口、水上人家和新鲜活泼的一切。见识这一切，是他用逃学换来的，边逃边学，所以逃学是当他是一个孩子时，对学习方式的选择，或者说是他用一个孩子的方式选择更值得学的知识。这是很特别的选择，没有谁来教他，他用眼睛、耳朵和机敏的鼻子接受水边的光色、声音和气味给予一颗小小心灵的感觉，把各种事物的内容和意义在游戏中黏合起来，丰富自己的想象。

水给了他执着柔韧的性格。他曾说过："水的德性为兼容并包，从不排斥拒绝不同方式浸入生命的任何离奇不经事物，却也从不受它的玷污影响。水的性格似乎特别脆弱且极容易就范，其实则柔弱中有强韧，如集中一点，即涓涓细流，滴水穿石，却无坚不摧。"（引自《一个传奇的故事》）水的性情品格，恰好是爷爷一生境遇和面对境遇时处事方式的写照，他是那么温和，又是那么倔，倔得从从容容。

水激发他对人世怀抱虔诚的爱与愿望。"水教给我黏合卑微人生的平凡哀乐，并作横海扬帆的美梦，刺激我对于工作永远的渴望，以给超越普通个人功利得失，追求理想的热情洋溢。"他不是用时尚的方法，去爱一个多难的国家，而是执着地用自然的美、人性的美，后来是用古代文明的美，编织了一个朴实单纯的理想。虽然他不奢望以此取代社会理想，但是他热切地希望能唤起百病缠身的民族一些健康的记忆、健康的追求。只是一个在刀光剑影和血腥中求生的民族，不大能理解他的爱的方法。不被理解时，他依然默默地工作。

爷爷曾说："值得回忆的哀乐大事，常是湿的。"此时我的眼睛也是湿的了。谁能体会他那种热情洋溢之中的忧虑，幽默后面的隐痛，微笑之间、悲凉之外的深重的爱！很多年，我们和他一起生活，开始我们不懂。

水边学校、水边书。我是否来得太晚，水边一条青石板街上，有一座清幽院落，人们告诉我，这里是爷爷出生的地方，这是我的根。

溯水西行十多里，有一座黄丝桥古城，离城不远的半山可以望见拉好寨和风姿依旧的古碉堡。公路通达处足迹纷纷，观光者众，怀古人稀，可是我在这里才找到了凤凰的根，也是我真正的根。

明清以来，湘西就是一块官民冲突与苗汉争夺交织的地盘。凤凰城原是湘西镇守使与辰沅道的驻地，戍卒屯兵以镇抗苗民，一度是湘西汉政权中心。围绕这个中心，远近四方修筑了众多小规模的城堡、屯碉堡和营汛，成百上千，分布在湘西边地的大小山头上。在阿拉营、在黄丝桥古城墙上、在拉好寨的山脚，二百年前的烽烟，二百年来的血腥气息，似乎还漂浮在湿湿的雾气里，依稀可感。可以见到的城堡和已不复可见的戍卒官吏，是中央政权侵入蛮地的象征物，也是大小民文化之间争斗征服和融合互生的极好说明。金介甫说："沈从文的乡愁就像长河一样静静地流在中国大地。"流动在他和他的民族记忆中的一条染红的河流，是一腔斩不断的乡愁，是一种古老情绪的震颤。

爷爷没有忘记过他的苗民血统，那个自古以来受歧视、被驱逐的民族血液，使他对于都市、对于主流文化，总有去不掉距离感，坚持把自己归为乡下人。另一方面那个民族健康优美的文化又使他梦想，可以为主流文化的没落找到解救方法。许多年以前，他就把民族感情扩大到民族自身以外。

他的感情的流动与扩大，得益于楚地的水，也得益于性格如水的楚地文化。一方水土，一方人物，文化有地域的界限，也有性格的分别。

华夏文化的渊源，分南北两支，北支为中原文化，雄浑如黄河；南支为楚文化,清奇如长江。楚文化长期处在亦夏亦夷、非夏非夷的微妙处境中,在中原文化的冲撞中摇曳! 在与边地少数民族文化的吸收交融中成形。所以楚文化是不封闭的流动,而不凝固,爷爷那乡下人的古怪脾气,和古怪的哲学根基,正是似乎已消失很久的楚文化。

古时楚地曾出过一个老子,道学尚柔崇水。老子说:"上善若水,水善利万物而不争,处众人之所恶,故几于道。"施不望报,以柔克刚,谦和卑下。这水味十足的哲学,从来没有被御用过,却在自然平和之中,把一切变故兴衰看得明明白白。爷爷非道家,却有一双明明白白的眼睛,以清丽的眼,对一切人生景物凝睟,不为爱欲所眩目,不为污秽所恶心,同时也不为尘俗卑猥的一片生活厌烦而有所逃遁。永远是那么看、那么透明地看细小处、幽僻处,在诗人的眼中皆闪耀一种光明,这双眼睛透过现象,看清繁华下的文化溃烂,发现泥浆里的道德光辉;这双眼睛又透过烟尘,望见了一个前不见古人、后不见来者的时空,感受到人类思索边际以外的生命阳光。

"自然既极博大也极残忍,战胜一切,孕育众生,蝼蚁、蚍蜉、伟人巨匠一样在它怀抱中和光同尘,因新陈代谢有华屋山丘。智者明白'现象',不为困缚,所以能用文字,在一切有生陆续失去意义,本身亦因死亡毫无意义时,使生命之光'煜煜照人,如烛如金'。"

这一片水土上的光辉,在爷爷生命中终生不灭,即走向单独、孤寂和死亡中去,他没有消退过他的倾心。我记得爷爷最后的日子,最后的冷暖,最后的目光,默默地停留在窗外的四季中,停留在过去的风景里。

他默默地走去,他死得透明。

爷爷,有一天我要送你回来,轻轻地回到你的土地,回到你的风景里。那风里雨里,透明的阳光里,透明的流水里,有我湿湿的想念。永远永远。

‖作品来源‖

发表于《新语文学习(高中版)》2008年第 Z2 期。

第二章

他山之石·文章赏析

因美而孤独——围城中的沈从文和他的《边城》

刘国强

导 读

当我们今天敞开心灵去体悟作家和他的《边城》的时候，我们忽然发觉作家如此自信、如此执拗的真谛：艺术因美而孤独，终将因美而久远。艺术的沈从文和他的《边城》已经让今天的我们再也"没有方法拒绝"了。

据《韩非子·和氏篇》记述，春秋时楚人卞和三献荆山之玉，不仅不被人慧识理解，空怀美玉，困守孤独，反而累遭刖足之酷刑，枉受欺君欺世之罪名。两千多年后和氏璧这个凄美的传奇再度上演，又一个楚人沈从文向世人走来，他因为缔造和坚守他的《边城》之美而孤独一生。随着现代进程的发展，那令曾有一代天才之誉的沈从文甘愿因此而孤独终生的"落伍"的美，那让一向温和的"乡下人"作家因此而具有无畏的勇气和疯狂甚至自毁的冲动的边城茶峒，正从围城中闯出，闯进人们的心灵深处。正如金介甫所坚信的那样，沈从文的《边城》"像屈原的《离骚》和整个属于他或他那学派的楚辞一样，必将永世长存"。

一、"浮在空气里"——山水灵动之美

在沈从文的笔下，《边城》拥有着一个田园牧歌式的生态环境，高山溪水美丽纯净，建筑布局古朴自然，构成这个环境的所有因素都是那么灵动和富有诗意。

水是沈从文作品中最温柔灵动的部分。沈从文自幼便陶醉在水和水的联想之中："我感情流迫而不凝固，一派清波给予我的影响实在不小。我幼小时较美丽的生活，大部分都同水不能分离。我的学校可以说是在水边的。我认识美，学会思考，水对我有极大的关系。"在与水的亲近中，幼小的沈从文读到了生活这本六书。作家在《我的写作与水的关系》中又说："我虽然离开了那条河流，我所写的故事，却多数是水边的故事。故事中我所满意的文章，常用船上水上作背景，我故事中人物的性格，全为我在水边船上所见到的人物性格。"边城的水最是清纯灵动。老船夫撑渡的那条小溪宽约二十丈，河床为大片石头做成。水静静的，深到一篙不能落底，却依然清澈透明。那条历史上知名的酉水，在茶峒城边流过时宽约半里。从下游的辰州跟沅水汇合的地方以上，酉水及各支流都清澈见底，有出山泉水的意思。"若溯流而上，则三丈五丈的深潭为白日所映照，河底小小的白石子，有花纹的玛瑙石子，全看得明明白白。水中游鱼来去，全如浮在空气里。"这小溪和大河是这样的纯净明澈，曲折而平静，既不单调也不险恶。河的两岸多高山翠竹，常年作深翠的颜色，逼人眼目。这美丽的自然山水成就了湘西能够净化灵魂陶冶性情的生态环境，这灵动的湘西之水赐予了沈从文抒写边城无限的灵气。汪曾祺说，沈从文是一个水边的抒情诗人。

边城人从大自然中领悟到了古朴灵动的美学观念，那就是顺应自然，拥抱自然，与自然融合，天人合一。边城人设计的茶峒城凭水依山而筑，近山的一面，城墙如一条长蛇，缘山爬去。临水的一面则在城外河边留出余地设置码头，湾泊小小篷船。贯穿各个码头有一条河街，房子大多一半着陆，一半在水，全都设有吊脚楼，地尽其力，物尽其用。青石铺道，白塔耸立，古渡摆舟，石碾滨水，如诗如画，古色古香。在酉水两岸，"近水人家多在桃杏花里，春天时只需注意，凡有桃花处必有人家，凡有人家处必可沽酒"。边城的人们爱山爱水更爱桃杏花。边城顺水下行七百里就是陶渊明盛赞过的桃源。边城人古朴灵动的审美观念应当说跟桃源人的审美古风渊源有自。沈从文是这样描写和称道这种自然协调的建筑审美布局的："黄泥的墙，乌黑的瓦，位置则永远那么妥帖，且与四周环境极其调和，使人迎面得到的印象，实在非常愉快。一个对于诗歌图画稍有兴味的旅客，在这小河中，蜷伏于一只小船上，作三十天的旅行，必不至于感到厌烦，正因为处处有奇迹，自然的大胆处与精巧处，无一处不使人神往倾心。"沈从文对边城灵动的山水、建筑的神往倾心和推崇之情，流淌在《边城》故事的字里行间，贯穿在作家对边城一草一木一人一物的描写之中。

二、"八面山的豹子"——形象超群之美

如果说边城人生活在美丽的山水画里，那么也可以说边城人自己也成了这美丽的山水画中的一道美丽的风景了。这里的男男女女在风日里把皮肤变得黑黑的，姑娘们眉清目秀、活泼温柔，喜欢采一把野花缚在头上。男孩子们宽宽的肩膊，明亮的眼睛，身体结实如老虎。其中那一个傩送"美丽得很，茶峒船家人拙于赞扬这种美丽，只知道为他取出一个诨名为'岳云'"。虽无什么人亲眼看到过岳云，一般的印象，却从戏台上小生岳云，得来一个相近的神气。"岳云"的诨名直观而古拙，又恰与傩送的英俊聪明、英武能干的神气相符合。撑渡船的老船夫对傩送当面称赞的话则说得更形象生动，富有乡土气味。"'八面山的豹子，地地溪的锦鸡'全是特为颂扬你这个人好处的警句。"那一个翠翠是一个可怜的孤雏，因为住处西山多篁竹，翠色逼人而来，老船夫就为她拾取了一个近身的名字，叫作"翠翠"。"翠翠"的取名朴实而优美，既有以翠竹之长青不衰，寄托长生旺生之祝福，更有以翠竹之美丽可人、喻褒人物之美丽可人。天保赞叹翠翠"长得真标致，像个观音样子"。傩送则称赞翠翠"像个大人了，长得很好看"。不管是傩送、翠翠，还是其他每一个边城人，他们拥有自然赋予的美丽形象，反过来又融进了边城山水的美丽之中，把这山城的山水营造得更加美丽。从某种意义上来说，边城人正是因为生活所在的自然山水的美丽才出落得美丽超群，而边城的山水也正是因为有了这一群美丽超群的边城人才真正显现出自然的、卓绝的美丽。

三、"也爱利，也仗义"——心性坦然之美

陶渊明展现的桃源之美是一种由风景秀丽的桃源而升华出的美，带有强烈的虚幻色彩。在那里，桃源人不知有汉，无论魏晋，阡陌交通，鸡犬相闻，男女衣着，悉如外人，与外面世界完全隔绝，生活在封闭的境界。沈从文展现的边城之美则是一种植根于茶峒的真实的美。在这里，边城人既能自由出入、有吞有吐，又能守定自然，民风淳朴。边城是一个自足又开放的系统。

边城茶峒位于今湘、黔、渝三省市的交界处，属湖南省西部的花垣县，有"一脚踏三省"之称，为历史上湘西四大名镇之一。茶峒城虽地处偏僻边远，群山环绕，但也并不封闭闭塞。边城茶峒位居川湘要道，是湖南境内入川前的最后一个码头。小船到此后，无从上行，所以"凡山东的进出口货物，皆由这地方落水起岸。出口货物俱由脚夫用松木扁担压在肩膊上挑抬而来，入口货物也莫不从这地方成束成担的用人力搬去"。老船夫撑渡的小溪离茶峒城只一里路，正处于川湘来往的要道上，限于财力不能搭桥，就由公家安排了一只可以一次连人带马载二十位搭客过河的方头渡船，来来往往，渡人渡物。边城的河街因为地处川东商业交易接头处，客店、理发店、饭店、杂货铺、油行、盐栈、花衣庄、介绍水手职业的场所等，莫不各有一种地位。边城的人生活在这样一个开放的系统环境之中，同时还通过贸易的往来等途径不断扩大这个系统的开放程度。但茶峒人在吸纳外面世界新的事物的时候又是那样的坦然，从没有因为这个系统的开放而放弃由这个自然山水化育万年而形成的质朴的民性。山城中最突出的是顺顺一家。天保、傩送兄弟两人能驾船，能泅水，能走长路，豪放豁达、和气亲人，不骄惰、不浮华。他们的父亲顺顺喜欢交朋结友，慷慨而又能济人之急，为人明事玥理，正直和平，没有都市人的自私和狭隘、商人聚敛钱财的贪婪世故、奸佞小人的阴险奸诈，被山城人推举为掌水码头的执事人。在茶峒边境提及父子三人，人人对这个名姓无不加以一种尊敬。这种尊敬代表着边城人对朴素正直、重义轻利美德的广泛认同。每当白河涨水

的时候，一些勇敢的边城人常常驾了小舢板去河中救人救物。这些勇敢的人，跟所有的边城人相似，诚实正道，"也爱利，也仗义"，"不拘救人救物，却同样在一种愉快冒险行为中，做得十分敏捷勇敢，使人见及不能不为之喝彩"。边城人总是守着一份做人的坦然。

四、"最有意义的几个日子"——遗风淳厚之美

茶峒像桃源一样都有着源远流长的历史。2000年秋在茶峒城老居民区发掘出了由清代上溯至旧石器时代共十一层的遗址。茶峒及湘西一带现在是苗族人聚居的地方。从苗族历史来看，以蚩尤为首的黄河中下游一带的"九黎"部落联盟是可考的苗族最早的文化源头。应当说苗族文化是上古中原汉文化和土著文化融合的结果。茶峒人既较完整地保留着古代的苗、汉遗风，同时也并不泥古不化，倒是更多地顺应自然，从中汲取营养，滋润民风。边城一年中最热闹的日子是端午、中秋和过年。这三个节日是中国华夏文化中三个隆重的传统节日。"三个节日过去三五十年前如何兴奋了这地方的人，直到现在，还毫无什么变化，仍能成为那地方居民最有意义的几个日子。"端午日，当地妇女孩子，莫不穿了新衣，额角上用雄黄蘸酒画了个王字。农历五月，正是仲夏疫疠流行的季节，俗称恶月。端午节用雄黄蘸酒在额角画王字的风俗大约来源于上古对恶月恶日的禁忌和禳毒避邪的目的。在宋元时期的神话传说《白蛇传》中白娘子饮雄黄酒，现出蛇身的原形。故而民间更认为蛇蝎蜈蚣等毒虫可由雄黄酒破解。边城人使用雄黄酒除了对古风的继承外，更多的是对现实人健康和未来的祝福。

边城人任何人家到了端午这天必定吃鱼吃肉吃粽子。这一天最激动人心的活动便是划龙船和捉雄鸭的比赛。这是全茶峒人都盼望着的、在吃了午饭之后要去观看的节日盛大活动。尤其是在茶峒城里住家的，莫不倒锁了门，全家出城到河边看划船和捉鸭。闻一多曾在《端午考》一文中指出，端午节最重要的两项活动"竞渡"和"吃粽子"都和纪念屈原有关，是汨罗人打捞屈原和祭奠屈原的古风在民间的流传。苗族人也把端午节叫龙船节。

龙船节在传说中和斩除凶残的大黑龙有关，它是为了纪念苗族老渔夫除恶扬善的义举和苗家姑娘驱逐黑暗的功绩而举行的传统活动。边城人的捉鸭比赛则是一种不拘泥古风的新发展。在这船与船的比赛和人与鸭的比赛中，边城人固然寄托了后世人对先人的纪念，但更多的是对现实主体的生存的关注。

从雷鸣般的、迷人的蓬蓬鼓声中，人们看到了边城人的矫健强悍和团结合作；从缚着红布条子的长颈大雄鸭在水中的狡猾穿梭中，人们看到了边城人的聪明能干和不屈不挠。边城的传统节日充满了边城人生命的快乐和浪漫的情趣。

五、"到那些月光照及的高崖上去"——情趣浪漫之美

在边城一年中最热闹的日子中，边城人的中秋节最为浪漫，边城人以赏月和对歌谈情作为中秋节的中心活动。边城人擅长用唱歌来表白感情。由这种表达方式出发，边城人传承了唱歌求婚走马路的风俗，并独特地把男女对歌、自由谈情的活动与中秋祭月、赏月的古风融合起来，形成了边城人以赏月和对歌谈情为核心内容的中秋节传统。《诗经·郑风》中《溱洧》一诗记述了三月三青年男女欢会的中国古代的"情人节"，边城人的中秋节与中国古代的"情人节"十分相似。中原文化中的这种青年男女自由谈情的古风，随着千年历史的限制和扼杀在中原已经逐渐泯灭，在湘西边城却完整地传承了下来，并与中秋节节日活动自然地糅合在一起，成为边城人现实感情生活中重要的一个组成部分。边城人在中秋由看月而起，青年男女整夜地唱歌对歌。茶峒人个个都会唱歌吹竹，唱歌是茶峒人日常生活中表达感情的最基本、最有情趣的方式。在翠翠和祖父的摆渡生活中，吹笛唱歌占据着他们的空闲时间。他们常常各把芦管或者小竹做成的竖笛，放在嘴边吹着迎亲送女的曲子。若是一人在船上一人在岸边，就常常快乐地你吹我唱，让那歌声同芦管竹管声震荡在寂静的空气里。唱歌是边城青年男女表情达意的重要方式，翠翠的父亲便是唱歌的第一好手，翠翠的父母便是在对歌时相识而相爱的。天保在同老船夫的直言求亲的对话中，表

示要用"每夜到这西边来为翠翠唱歌"的方式倾诉自己的爱慕之情。傩送更是"穿了白家机布汗褂,到那些月光照及的高崖上去",很诚实坦白地去为一个"初生之犊"的黄花女翠翠唱歌,唱到露水降了,月亮残了。唱了一夜还不停息,又下了要唱三年零六个月的决心。边城人在爱情婚姻方面采取了"走车路"和"走马路"两种不同的追求方式。走车路,是由男青年的父亲做主,请了媒人去姑娘家同姑娘的父亲正正经经地说亲,姑娘的亲事由姑娘的父亲替代姑娘做主。走马路,则是由青年男女自己做主,由男青年选择高崖唱歌的方法感动姑娘的心。边城人在对"走车路"和"走马路"的两种爱情婚姻道路的多元认同的同时,更重视以歌传情、以情动人、两情相悦的弯弯曲曲的"马路"式的自由相恋的古风。边城的男人更欣赏用那月光下的温柔的歌表达自己的温柔,更欣赏用那日头下热情的歌表达自己的热情,边城的姑娘更容易把灵魂托付给那美妙的歌声,更容易在歌声中爬上三五丈高的崖壁为自己所爱的人摘取那爱情信物——肥大的虎耳草。

1934年1月1日,《国闻周报》开始连载发表楚人沈从文的《边城》。《边城》展现了沈从文自己独特的美学抱负、终极的价值取向,以及种种优美的原则。沈从文知道他的追求是孤独的,他发现他和他的《边城》冲进去的是一座注定要被种种世俗烦愁所困扰的围城,他在散文《长庚》中写道:"楚人的血液正给我一种命定的悲剧性。"但同时,作家更清晰地洞察到他的追求是他的骄傲。早在1934年1月18日致张兆和的信中,作家就对自己的才华有着这样骄傲的体认:"我看了一下自己的文章,说句公平话,我实在比某些时下所谓作家高一筹的。我的工作行将超越一切而上。我的作品会比这些人的作品更传得久,播得远。我没有方法拒绝。"当我们今天敞开心灵去体悟作家和他的《边城》的时候,我们忽然发觉作家如此自信、如此执拗的真谛:艺术因美而孤独,终将因美而久远。艺术的沈从文和他的《边城》已经让今天的我们再也"没有方法拒绝"了。

‖ 作品来源 ‖

发表于《名作欣赏》2007年第23期。

《边城》：关于翠翠成长的神话
——沈从文《边城》之再解读

朱文斌

导　读

本文从《边城》后文本解读方面出发，认为翠翠后"成长"至少受三个方面因素的影响。作者以为沈从文希望人们从翠翠的"成长"历程中看出"边城的过去"和"当前的区别"，能够从过去与当前的区别，能够以过去那种重义轻利、乐观豪爽、充满人性美的淳朴民风对比当前惟实惟利、金钱至上、庸俗透顶的人生观，从而寻找重造"民族品德"的可传性。

　　成长是人生的母题，也是文学的母题。从哲学意义上来说，每个人无时无刻不在成长——它包括两个层面的内涵：首先是生理层面的，指的是作为个体的人所经历的童年、少年、青年、壮年这样一个生命生长发育的自然流程；其次是心理或精神层面的，意味着个体存在的趋向成熟，有较明确的自我意识，能协调个人意愿和社会规范之间的冲突，从而在一定程度上实现自我价值。在文学创作中，成长一般不是指生理层面的生长发育，而是指心理或精神层面的成熟过程。18世纪末，歌德便把成长母题与小说创作结合起来，创作了长篇小说《威廉·迈斯特》，成为"成长小说"的典范之作。此外，还有凯勒的《绿衣亨利》也是代表之作。"成长小说"在德语中表达为Bildungsroman一词，又可译为"教育小说"，是一种带有传奇色彩的文学类型，"不是以一个或几个成熟的、定型的性格为中心，通过一些特殊的、复杂的以至离奇的生活现象或传奇情节，呈现某个社会的某个时期的横断面……教育小说是以个人和社会的矛盾尚未激化成为敌对状态为前提的，主人公在生活中接受教育的过程就是他通过个性的成熟化和丰富化成为社会的合作者的过程"①。沈从文的小说《边城》以山清水秀、充满人性美和人情美的茶峒小山城为背景,叙述了美丽纯朴的湘西少女翠翠如何在"现代"文明之风的浸浴下以及爱情的折变磨难下,逐渐从半原始的自然状态成长蜕变为"成人""社会人"的故事。因此,在某种意义上,它也是一篇关于"成长"的小说。在行文中,沈从文多处以"长大成人""大了""成长""长大"等词,昭示翠翠走向"成人化"和"社会化"。

从《边城》的文本解读出发,翠翠的"成长"至少受到三个方面因素的影响:一是社会环境的变化。翠翠出生的湘西茶峒小山城,风俗淳厚、人情质朴、重义轻利,"一切总永远那么静寂,所有的人每个日子都在这种不可形容的单纯寂寞里过去"。即使河街吊脚楼里的妓女,也还保持着某种"生命的严肃感"。然而,这里毕竟不是原始洪荒的"世外桃源""大都市随了商务发达而产生的某种寄食者"开始落户于此。"现代"的入侵,对未经金钱、实利污染的朴质民风造成冲击。翠翠耳濡目染,"现代"的观念也悄悄在她的心里扎下了根。当她和傩送的爱情由于团总女儿的介入,直接呈现为"渡船"与"碾坊"的对立时,她第一次感到了金钱力量的可怕。"他又不是傻小二,不要碾坊,要渡船吗?"乡民关于傩送是选择她还是团总女儿,是选择渡船还是碾坊的议论,以金钱为衡量标准(碾坊的收益顶十个长工干一年),使她"小小心腔中充满了一种说不明的东西"。她在第八章里无所谓地唱着:"白鸡关出老虎咬人,不咬别人,团总的小姐派第一。……大姐戴副金簪子,二姐戴副银钏子,只有我三妹没得什么戴,耳朵上长年戴条豆芽菜。"显然是她潜意识里对金钱观念至上的反抗。这是社会大课堂在翠翠的成长路上所上的第一课。

二是祖父心事的变化。纯朴大方、热情豪爽的祖父老牛护犊,使翠翠在没有父母的呵护爱惜下,也能无忧无虑、快乐健康地成长。随着翠翠的长大,祖父开始"有点心事,心子重重的"。原因有二:一是翠翠的长大直接使他忆起翠翠母亲的悲剧,害怕翠翠重蹈覆辙;二是翠翠人已长大了,证明自己也真正老了,必须要把翠翠交给一个可靠的人。这些有分量的心事沉沉地压

① [法]西蒙娜·德·波伏娃:《第二性》,中国书籍出版社,1998年。

在祖父的心上，也迫使翠翠开始思索自己的未来。小说在第七章写道："我想的很远、很多。可是我不知想些什么。"不懂得翠翠心思的祖父，在面对选择大佬天保还是选择二佬傩送作为翠翠的终身依靠人时，提出了走车路和走马路的方式。走车路就是包办婚姻，即请媒人提亲，一切由双方家长做主；走马路是指原始的自由婚姻，以向对方唱歌的方式求爱，一切由男女双方自己做主。大佬选择走车路，遭到翠翠的拒绝后（祖父还是以尊重翠翠的意愿为主，没有再作主张），自知走马路不是傩送的对手，避走下水在茨滩出事淹坏了，酿成悲剧。整个悲剧发生的过程中，翠翠只是模模糊糊地感觉到祖父的心事变化，碍于传统文化观念的束缚，苦于不能亲口说出自己爱的是二佬而不是大佬。之后，虽然"一切依旧，惟对于生活，却仿佛什么地方有了看不见的缺口，始终无法填补起来"。而这一切直到祖父猝然而卒，翠翠才从杨马兵的口中得知事情的原委。不过，正是在这种与祖父的心理的对抗和摩擦中，翠翠逐渐成熟起来。这是翠翠成长历程中的第二课。

三是翠翠自我的发现。天真单纯的翠翠"在风日里长养着"，"自然既长养她且教育她"，使她"从不发愁，从不动气"，终日与祖父、渡船、黄狗相依生活，这时她的自我处于一种蒙昧状态。换句话说，她从未意识到自我。翠翠自我意识的觉醒源于她的情窦初开——两年前的端午节与二佬傩送相遇，文中这样写道："但是另外一件事，属于自己不关祖父的，却使翠翠沉默了一个夜晚"，朦胧的爱使她第一次意识到自我的存在。西方女权主义运动的先驱波伏娃曾指出：在以男性意识为中心的社会里，女性在成长过程中是以社会（男性）的需要为基点建立起所谓女性的理想范式，这就使女性将原是社会的、男性的要求内化为女性的自我选择，将原是外在的、文化的压抑内化为女性的自我压抑。因而，女性一旦觉醒，其反叛的对象不是外在的压迫力量，而是女性与自我的抗争。[①]翠翠在意识到自我之后，就开始了与自我的抗争。这里有两个最显著的表现：一是翠翠的自我非常喜欢傩送，但已经将社会道德、伦理规范内化为内在品质的她却死死压抑住自己的情感（社会认为不能表白），不给自我以充分表现的机会，

---

① ［法］西蒙娜·德·波伏娃：《第二性》，中国书籍出版社，1998年。

导致自己也不知为何而哭，为何"在成熟中的生命觉得好像缺少了什么"。这样，就造成自我的释放只能借助于梦了。小说第十八章特意写到翠翠在睡梦里尽为山鸟歌声所浮着，做的梦也常是顶荒唐的梦，而她却"从这份隐秘里，便常常得到又惊又喜的兴奋"。二是面对大佬天保的走车路，同样甚懂社会操作规范的翠翠不敢以言语表达自我的意见（拒绝），她身上各种所谓"好"的品质（社会强加于她的）与自我由此产生了强烈的冲突，导致自我只能产生逃避的念头，"我要坐船下桃源县过洞庭湖，让爷爷满城打锣去叫我，点了灯笼火把去找我"。但她马上就意识到如果真的这样做了，爷爷会拿刀杀了她！自我的发现打破了翠翠单纯快乐的生活，给她带来了无尽的忧伤、烦恼与痛苦。然而，正是这样，才使翠翠真正成熟起来，开始用成人的眼光打量这个世界。

翠翠的成长与其他"成长小说"所表现的主人公成长有着极大的一致性：即成长的过程就是展示人生悖论的过程，就是呈现人生痛苦的过程，或者说，成长本身就是悖论，就是痛苦。翠翠因"现代"观念的入侵、祖父微妙心事的重压以及自我意识的觉醒逐步走向成熟的过程就是一种烦恼而痛苦的过程。在这样痛苦的过程中，每前进一步都是艰难的。每走到艰难处，翠翠总是用"哭"来宣泄，达到心理上会拿刀杀了她，"就忽然哭起来了"。在这之前，翠翠"心中只想哭，可是也无理由可哭"。饶有趣味的是，祖父在劝慰她的时候，说的是这样的话："不许哭，做一个大人，不管有什么事都不许哭。要硬扎一点，结实一点，才配活到这块土地上！"在祖父（成人社会）看来，"哭"是一种幼稚的行为，成人世界里是不允许哭的，不管有什么事。但祖父（成人社会）忽略了一点，那就是人从幼稚走向成熟，进入成人世界，"哭"是必不可少的催化剂。大佬因得不到翠翠的爱，走茨滩淹坏了，船总顺顺家把责任归到了老船夫这边，二佬因此生了气，使翠翠"心中极乱"，于是第二次"哭"起来了。这一次"哭"使翠翠和祖父之间的关系发生了微妙的变化，"翠翠像知道祖父已不很疼她，但又像不明白它的真正原因"。日子变得不完满起来，而翠翠由此学懂了许多事。翠翠第三次是"大哭"，祖父在一个风雨交加的夜晚，心力交瘁，阒然长逝，留下了孤独无依的她。在此之前，翠翠一直恐惧祖父会离开她，她从未去想这些事。等到祖父真的离她而去的时候，翠翠反而坚强了起来，拒绝了船总顺顺接她过家里去住的好心。杨马兵暂代祖父的位置陪伴翠翠，告知了她祖父活时所不提到的许多事，使"翠翠不明白的事情，如今可全明白了"。于是，翠翠第四次"痛哭"了一个夜晚（此前在祖父丧事中的"哭"不计）。经过这一次痛哭，翠翠完全成熟起来，决定留在渡口，等待意中人的归来，虽然"这个人也许永远不回来了，也许明天回来！"应该说，是"哭"将翠翠在成长困境中的痛苦化成了前行的动力，使她接受了环境教育与自我教育，走向成人世界。

沈从文的《边城》和歌德、凯勒等的"成长小说"或曰"教育小说"有着本质上的不同：在《威廉·迈斯特》和《绿衣亨利》里，主人公在社会大熔炉里经过痛苦的锤炼，接受教育，长大成人，成为社会人，作者是怀着欣喜和欣赏的态度；而在沈从文笔下，翠翠的成长是一件无可奈何的事，对于她遭受痛苦和接受教育而成熟起来，走向"社会化"，作者是万分怜惜的。沈从文写作《边城》，本意是要表现"一种'人生的形式'，一种'优美、健康、自然'而又不悖乎人性的人生形式"①。在他心目中，"不悖乎人性的人生形式"乃是十五岁之前（未长大）的翠翠所表现出来的，"触目为青山绿水，一对眸子清明如水晶，自然既长养她且教育她。为人天真活泼，处处俨然如一只小兽物"。这只有在现代文明所尚未侵袭、人性败坏之风尚未吹遍的世外桃源之一角——边城才能孕育和培养得出来的。然而，随着"现代"这头怪兽的入侵，沈从文痛心疾首地发现"边城"这一他梦中的理想乐土也开始堕落，滑向"惟实惟利"的深渊，这是他最不愿意看到的。他在《长河·题记》写道："一九三四年冬天，我因事从北平回湘西，由沅水坐船上行，转到家乡凤凰县。去乡已经十八年，一入辰河流域，什么都不同了。表面上看来，事事物物自然都有了极大进步，试仔细注意注意，便见出在变化中堕落趋势。最明显的事，即农村社会所保有那点正直素朴人情美，几乎快要消失无余，代替而来的却是近二十年实际社

① 沈从文:《习作选集代序》,《沈从文选集·第五卷（文论）》,四川人民出版社,1983年。

会培养成功的一种惟实惟利、庸俗的人生观。……'现代'二字已到了湘西……因此我写了个小说,取名《边城》……"①显然,《边城》的写作是沈从文试图通过翠翠的"成长"和被迫"社会化"的过程对这一堕落的现象进行批判,所以,翠翠的这种"成长"与"成熟"并不是作者所想看到的,读者也能从小说行文中品尝到作者那隐伏着的悲痛与沉忧。

如果进一步从象征或隐喻的角度来看,沈从文在《边城》里塑造翠翠的形象无疑还有更深刻的含义。在此,他把翠翠看成是心目中的文化女神,在她身上寄托着自己改造民族、社会的理想。他曾说:"在《边城》题记上,且曾提起一个问题,即拟将'过去'和'当前'对照,所谓民族品德的消失与重造,可能从什么方面着手。"②由此可见,沈从文特别希望人们从翠翠的"成长"历程中看出"边城"的"过去"和"当前"的区别,能够以过去那种重义轻利、乐观豪爽、充满人性美的淳朴民风对比当前惟实惟利、金钱至上、庸俗透顶的人生观,从而寻找重造"民族品德"的可能性。另外,翠翠的形象在某种程度上还可以象征着一个民族(湘西苗族),她(身不由己)的"成长"正象征着湘西苗族由传统(美好)走向"现代"(堕落)的过程。在现代文论中,"神话"这个术语经常脱离词的原意,用来指一个故事或故事的组合(Complex of story)暗示性地象征人类或超人类存在的深藏方面的内容。简单地说,"神话"在现代文论中是指宏观的、由整个作品组成的象征,或是象征系统构成的世界。③因此,我们不妨说《边城》是关于翠翠成长的神话(象征系统)。

‖ **作品来源** ‖

发表于《名作欣赏》2005 年第 11 期。

---

① ② 沈从文:《长河·题记》,《沈从文选集·第五卷(文论)》,四川人民出版社,1983 年。

③ 赵毅衡:《新批评——一种独特的形式主义文论》,中国社会科学出版社,1986 年。

沈从文《边城》中翠翠美的特征

王　莉

导　读

《边城》中的翠翠是作者刻画得最成功的一位人物形象。她天真、活泼、富有朝气，是大自然的化身，是美的象征。她展示了"一种优美、健康、自然而又不悖乎人性的人生形式"，以她人性的善良与淳朴闪烁着耀眼的光芒。

沈从文的《边城》是中国文学史上一件别致的艺术精品。他歌颂了"人性美的至美"，是"表现人性美的力作"，是"人性美的赞美诗"。而《边城》的主人公翠翠却是作者刻画的最成功的一位人物形象。她天真、美丽、富有朝气，是作者的理想化人物。翠翠以她独特的艺术美闪烁着耀眼的光芒。

一、形象美

《边城》的开篇就为我们展现了一幅优美的风景画："有一小溪，溪边有座白色小塔，塔下住了一户单独的人家。这人家只一个老人，一个女孩子，一只黄狗。小溪流下去，则只一里路就到了茶峒城边。溪流如弓背，山路如弓弦，故远近有了小小差异。小溪宽约廿丈，河床为大片石头作成。静静的河水即或深到一篙不能落底，却依然清澈透明，河中游鱼来去皆可以计数。"那清澈见底的河流，那凭水依山的小城，那河街上的吊脚楼，那攀缘绳的渡船……都自然而又美丽，都优美如画让人如入梦境，无不给人以美的享受。翠翠就是在这种优美的、宁静的、和谐的环境中长大的。因此，也就注定了她温顺、淳朴、率真、美丽的性格。

翠翠是一位十六七岁的山村美少女，她聪明可爱、温柔大方，是辰河边一朵挂露的花蕾，是青山下一只洁白的羔羊，是爷爷脚前脚后一只惹人怜爱的猫咪。她从青山翠竹中走来，身上便带着山野的秀气和清纯。她人虽小却非常懂事，每天都争着和祖父拉渡船，故把皮肤变得黑中泛红，显示出力和美。美丽的翠翠有着同样美丽的名字，"为了住处两山多篁竹，翠色逼人"而拾取的一个近身的名字。

"翠翠在风日里长养着，故把皮肤变得黑黑的，触目为青山绿水，故眸子清明如水晶。自然既长养她且教育她，为人天真活泼，处处俨然如一只小兽物。"这几句外貌描写为我们展现了一个清纯可爱、美丽大方的翠翠。翠翠成长于重义轻利、与世无争的环境中，有着山川的秀丽和淳朴的民风。湘西的清风丽日、灵山秀水陶冶了她的情操，质朴的民风净化了她的心灵。所以，翠翠有着如水晶一样清澈透明的性情和恋情。翠翠的成长固然是与她身处的边城环境所离不开的，她更深受朴实民风的熏陶，更深受那与之朝夕相处爷爷的为人处世的影响。爷爷是管理渡船的能手，他为人忠厚老实，重义轻利，一副古道热肠，"五十年来不知把船来去渡了若干人"，他从不计较报酬，从不贪图便宜，嘴上老是嚷着"我有了口粮，三斗米，七百钱，够了。谁要这个"。六月里泡茶给过路人喝，让他们吸味道好的草烟，把自己心爱的烧酒随便给城里人喝。也正是因为爷爷的影响，翠翠是那么的善良、那么的乖巧，于是她便"从不想残忍的事情，从不发愁，从不动气"。当"翠翠抱膝在月光下……月光如银子，无处不可照及，山上黄竹在月光下皆成为黑色，身边草虫声繁密如落"。此时的翠翠是美丽的、温柔的。清新的空气、皎洁的月光、美丽的景物，把翠翠衬托得更加美丽，真是山美，水美，人更美，使我们沉醉在大自然的纯美之中。

二、人性美

走进《边城》，你一定会被那浓郁的质朴民风和大自然浑然一体的人性美所深深打动。因为《边城》是歌颂"人性美的力作"、是"人性美的赞美诗"。《边城》所表现的是一种"优美、健康、自然而又不悖乎人性"的人生形式。沈从文在他的希腊小庙里供奉的就是"人性"，而翠翠就被供奉在这座希腊的小庙里。翠翠就是在这片灵山秀水与纯朴民俗的呵护下长大的。于是她便是自然的化身，是作者理想化的人物，是作者对人性美的孜孜探求，是她融注在乡土挚爱之情的生命赞歌。《边城》所展现的世界是淳朴、醇厚、明净、健康的。它是在用一种美好的人性感动着我们，用一种"优美、健康、自然而又不悖乎人性的人生形式"守护着她人性的小庙。

　　翠翠是美丽的、善良的。她的爱情世界纯净、美好，超过了一切世俗利害关系，但同时又是朦胧的、若隐若现的，让人难以把握。随着时间的推移，翠翠也长大了，情窦初开的她喜欢把野花戴在头上，装扮新娘子，喜欢摘象征爱情的虎耳草。当看见王团总家小姐手上戴一副麻花铰的银手镯，心中会有些羡慕，但她的爱却是一串美丽而又漫长的梦。翠翠在爱情中的表现向来被视为人性美的表现。当傩送与翠翠第一次相遇时，翠翠内心的爱情火花就擦亮了。不过，当时只是朦胧的、恍惚的、不清楚的。当傩送邀请翠翠到他家等爷爷时，翠翠误以为要她到有女人唱歌的楼上去，心里便觉得受到了很大的侮辱。于是，就轻轻地骂他"悖时砍脑壳的"！但傩送非但不生气，反而找人送她回家。在回家的途中，得知那人是诨名"岳云"的傩送二佬，想到先前骂他的那句话，心里又吃惊又害羞，到家见着了祖父，另外一件事，属于自己不关祖父的，却使翠翠沉默了一个夜晚，初涉爱情的翠翠是矜持、害羞、含蓄的。

　　两年后的端午节，翠翠和祖父又到城里看龙船。翠翠人长大了，但傩送一直在她的心里隐现、鼓荡，使她不能忘记。从祖父与长年的谈话里，翠翠知道二佬是在下游六百里外青浪滩过的端午。而在回家的路上，翠翠忽然停住了发问："爷爷，你的船是不是正在下青浪滩呢？"由此可见，翠翠的心已随傩送而去，爱情的湖面已不再平静。爷爷提起旧事说道："我还以为大鱼会吃掉你。"翠翠听后，"嗤地笑了"。这把一个少女应有的温柔、矜持，以及恋爱期女孩的羞涩、娇气都展现得淋漓尽致。

翠翠大了,多了些梦幻,多了些思虑。小说着重表现了翠翠朴实真挚的情爱美。当她知道第一个来做媒的是大佬时,却"不曾把头抬起,心忡忡地跳着,脸烧得厉害,仍然剥她的豌豆,且随手把空豆荚抛到水中去,望着它们在水中从从容容地流去,自己也俨然从容了许多"。这里的翠翠是惊愕、失望的。她掩饰了自己内心的不满,把自己的心事装在肚子里,在那个美丽的梦境中等待着幸福的降临。她朦胧的爱情是为傩送而开放的,傩送人长得美,又富有诗意。一句"大鱼会吃掉你"成为两人爱情发展的一种很好的隐喻。每当翠翠听到这句话,心里就会想起傩送,想到误骂他的那句话,心头就会有一种说不出的快感,一种温柔的回忆。当爷爷说到天保求亲时,她就"痴着,忽地站起,半簸箕豌豆便倾倒到水中去了"。这表现了翠翠对爱情的忠贞专一,流露出了对天保这份爱的拒绝。心里老是想着傩送,早将天保求亲的事"忘掉了"。她对傩送的感情一直处在少女期的梦境状态。傩送在月夜里为她唱歌传情,她为这美妙的歌声所俘获。"上了白塔,下了菜园,到了船上,又复飞到悬崖半腰上,摘了平时攀折不到手的虎耳草。"这也集中体现了她对傩送那朦胧的爱情现在已确定了。摘到了虎耳草却又不知把它交给谁,这也体现了她内心的忐忑不安。

翠翠的梦是美丽的,但梦醒之后,便是残酷的人生。天保掉进河里淹坏了,祖父去世了,傩送也赌气离家出走了,可她依然还在痴情地等待……

三、爱情美

《边城》是"人性美的赞美诗",它里面的一切都是那么的美好、那么的恬静。小说的主人公翠翠是作者所设计的"希腊小庙"里的美女子。她"健康、美丽、善良、富有朝气",构成了"边城的人生形式"。然而,这么一位如花似貌的女子却有着令人心伤的悲苦命运。爷爷在一夜之间去世了,傩送也离家出走了,她的命运却以悲剧而告终。这一切不得不令我们心寒,不得不让我们对这位执着的纯情少女充满怜爱之情。

　　翠翠是位精彩但又苦命的人物，她自幼父母双亡，长年与祖父生活在一起，祖父对她呵护百倍，但翠翠未免还是"孤独了点，爱坐在岩石上"，内心的那点心事却无人能诉说。她有时会"忽然哭起来"，她的哭也正反映了情窦初开的朦胧感情。翠翠是天真的、纯洁的。在她经历了人生重重的打击之后，她才明白自己为什么会感到孤独和寂寞。在面对天保的外出闯滩而死，唯一的亲人爷爷也忧郁地死去，傩送也心怀内疚离开家乡之后，她才明白自己原来所不明白的事情，于是她哭了一夜，想了一夜，一夜之间"长成大人"。她由无忧无虑到有所思有所虑，由做梦到现实，她越来越成熟，越来越坚强。面对这一切，她没有倒下去，而是坚强地等着傩送归来。

　　当傩送与翠翠被生生分离后，我们最不情愿看到的就是在翠翠身上再次重复着母亲的悲剧。但令我们欣慰的是翠翠与傩送并没有像母亲与军人那样双双殉情而死，傩送也没有放弃这份爱情。"爸爸，你以为这事为你，家中多座碾坊多个人，你可以快活你就答应。若果为的是我，我要好好去想一下，过些日子，再说它吧。我尚不知道我应当座碾坊，还应当得一只渡船；因为我命里或只许我撑个渡船！"为了爱情，傩送坚决地抵御着物质的诱惑。再看翠翠，她远比绝望的母亲更勇敢、更坚强。她谢绝了船总顺顺让她住进他家的好意，"以为名分不定妥，到一个生人家里去不好，还是不如在碧溪等，等到二佬驾船回来时，再看二佬意思"。于是，翠翠便怀着希望与自己坎坷的命运做持久的战争。面对种种磨难等待着傩送归来，勇敢接受不幸命运的挑战。在爱情挫折中翠翠的性格展现出了柔中有刚的美。总之，翠翠是美丽的、可爱的，是美的化身，是倾注着"爱"与"美"理想的艺术形象。她在大自然的纯美中长大，深受着边城淳朴自然、喜陶陶乐融融民风民情的熏陶。因此，养成了她有水一样的性情，她是作者乡恋情感与怀旧思想孕育出来血肉丰满的人物形象。

　　翠翠的爱情故事是一首凄美的歌。它唱出了翠翠对朦胧爱情的向往和憧憬，唱出了翠翠内心的悲苦和等待，也唱出了翠翠身上那独特、纯洁、无邪的美。她对傩送的爱是由"朦胧——觉悟——执着"这条线发展的，这也说明了她由单纯到成熟的成长过程。她和傩送的爱情是真挚纯洁的，但他们并没有完美地结合在一起，本该开放的爱情蓓蕾却过早地凋零了。随着祖父的去世、天保的葬身桃源、傩送的离家出走、白塔的倒塌，一个顺乎自然的爱情故事却以悲剧而告终。到最后，只剩下翠翠一个人孤独地守着渡船，守着白塔，守着希望，等待着那个"也许永远不回来了，也许'明天'回来"的傩送。也许翠翠根本就不知道，她的等待只是遥遥无期的守望。人们对这位执着的纯情少女充满了怜爱之情，而对她那段凄苦悲怜的爱情却充满了无限的同情。

‖作品来源‖

发表于《名作欣赏》2013 年第 18 期。

《边城》人物命名解读

颜 洁

导 读

沈从文在《边城》中创造了一个美好宁静的世界。整部小说涉及的人物主要有：翠翠、傩送、天保、老船夫、顺顺、杨马兵。每个人物的名字以特定对象为基础，通过特别的符号来体现作者的特殊意志。它既承载着人物的信息，又蕴含着人物的价值。本文通过对《边城》人物命名的解读，从而更深入地认识那些可爱的边城人民。

完成于 1934 年的中篇小说《边城》，是沈从文先生最负盛名的作品！该小说以特异的"生命形式"，不仅熔生动丰富的社会风俗画与优美清新的风情风景画于一炉，充溢着浓郁的乡土气息和返璞归真的牧歌情调，而且塑造了像翠翠、傩送、天宝、外公、顺顺等一群性格饱满、形象生动，能为人类"爱"做一度恰如其分说明的人物。沈从文的叙事艺术很了不得，《边城》中每一个人物的命名不仅极为准确，而且还为读者提供了一种认知的视角。名字通过人物之口自然道出，并无好坏判定的命名法庭，但我们可以通过刘再复先生品"红楼"的悟证法，进行一些分析。

一、翠翠

翠翠是沈从文塑造的小家碧玉的农家女孩之一，更是作者打造的完美女性形象的代表人物，是"边城"中当之无愧的女主角。茶峒触目为青山绿水：满山的竹篁是翠色的；雨打的芭蕉是翠色的；招摇的粽叶是翠色的；就连碧溪因映着满山的翠绿,河水也泛着翠色。在这满山满水的翠色中,爷爷(老船夫)便拾取她这样一个近身的名字"翠翠"。"翠翠"其名从色泽上看就带有一种凄婉的色调。唐元稹诗云:"新篁才解箨,寒色已青葱。冉冉偏疑粉,萧萧渐引风。"新生之竹刚刚抽出新叶便已着上了寒色,犹如翠翠的命运。在这个名字中,沈从文让这个孤雏与茶峒的自然融为一体,具有了不可分割的血肉联系。"翠"象征着茶峒的生命力,更暗喻着这个山里女孩生命力的顽强。这个一出生便无父无母的孤雏,让时间催促着成长,晃眼间就到了能听懂茶峒歌声缠绵处的年纪。当命运的苦难之手再次伸向她:追求她的天保大佬意外溺水死亡;心中爱恋的傩送二佬赌气出走,相依为命的祖父也撒手人寰时,她却坚强地、静静地活了下来,撑起了渡船。她就像茶峒的一株翠绿植物,见风就长,即便在冬日里遭遇到了雨打风霜,照例会生长起来,仍然会一直翠绿下去。也只有拥有如此坚韧生命力的女孩,才能让这个小城故事不会完结,拥有非常弹性的发展空间。读者可以放肆地想象:翠翠在有生之年能否等到那个"也许明天就回来"的人?如果那个人回来了,之后又会发生怎样的故事?感谢沈从文先生留给读者无限的想象、无尽的期盼!

二、傩送

傩送是沈从文浓墨重写的人,在他的身上寄予了作者对湘西未来的希望。他背负着湘西的未来,他的离去使得边城陷入了僵局,使得翠翠的未来无法预知,他的归来将是边城的希望,更是翠翠的希望。如果说翠翠是沈从文构建的人性神庙中供奉的女神,傩送就是点亮神庙的火把,他总发散出太阳光一样蓬勃的朝气,他丰富的感情点亮了神庙的每一个角落。

"傩送"是父亲不自觉的私心取来之名,意为"傩神送来之子"。这照当地习俗是不能稍加轻视的。因此,老天也似乎不敢轻视他。相貌俊得比女孩子还美丽,还得了个"岳云"的诨名。也真如天上漂泊不定的一朵云:一会上川东,一会下青浪滩,最终赌气下桃源,不知飘向何方。这个由傩神送来的男子,看来也并未得到多少神助。这就使人不懂沈从文到底在玩什么把戏，怎么将他笔下的"神来之子"弄得也悲悲惨惨的。其实沈从文在给二佬命名时，可谓煞费苦心、暗藏玄机。一个"傩"字，从字形上去分析是单人旁，难字部，这就暗示读者这是一个终会被苦难送走的人。他的大哥带着遗憾离开人世，父母又为了一座碾坊逼他娶亲，内心种种矛盾积压于他一人之身，迫使他负气出走。与其说他是傩神送来之子，不如说他是让苦难送走的痴情男子。

三、天保

天保是傩送的哥哥，他如同父亲一样热心善良，并且做事很有分寸。不像傩送可以自由地表达自己的心意，他在许多事情上采用的是传统的处世方式。所以面对喜爱的翠翠，他选择直接找人提亲，要娶她为妻。他是家中的老大、长子，却天生没有弟弟那么深得父亲的偏爱。从他的取名可知："天保佑的人事上或不免有龃龉处。"上天对他确实也不怎么眷顾，虽同弟弟一样结实如老虎、和气亲人、不矫情、不浮华、不倚势凌人，却没有弟弟那样的俊模样，更没有弟弟那样竹雀般的好嗓音，情场上更是失意，败给了自己亲弟弟！俗话说"瞎眼狗，天照应"，烦恼之下他出船做买卖，还未赚下一个子儿，号称水鸭子的他竟被水淹坏了！这种"逆向命名"手法增强了小说的悲剧色彩，取得了强烈的讽刺效果，"天保，天保，天不保啊"！

四、老船夫

小说中并没有准确告知读者他的姓名，只知道茶峒的人们都叫他老船夫。笔者认为可以厾以下等式为他的命名做进一步的阐释：

老船夫 = 老人 + 船夫

= 活了七十年 + 守了五十年船

= 腰背微驼、白发满头 + 把船来去不知渡了多少回

他是一个良善的中国乡下人，知道女儿做了糊涂事，不加一个有分量

的字眼责备。女儿先他离去，他奇迹般地将遗孤抚养成人。所有的一切都只因他还有两个更加响亮的名字：一个是父亲，一个是祖父。

天保的死让他陷入了深深的自责，傩送的离开更让他觉得后悔，他内疚于让翠翠错失幸福，伤心于他的好心没能得到预期的结果，年迈的他在哀怨的心情中辞世于雷雨夜。作为一个没有姓名的边城小卒，却深深地扎根在了读者心中。中国人有"此时无声胜有声"之说，沈从文这种不命名的艺术处理方式，让读者可以更好地从人性的角度去认识这位可亲可敬的老船夫。

五、顺顺

在《边城》里作者运用浪漫主义的手法塑造了这样一个豪爽而有魄力的人物："这个大方洒脱的人，事业虽十分顺手，却因欢喜交朋结友，慷慨而又能济人之急，便不能同贩油商人一样大大发作起来。自己既在粮子里混过日子，明白出门人的甘苦，理解失意人的心情，因此凡因船只失事破产的船家、过路的退伍兵士、游学文墨人，到了这地方闻名求助的，莫不尽力帮助。"

身为掌水码头的龙头大哥，他是前清时便在营伍里混过日子的人，辛亥革命时还在军中做过什长。他既不像有些什长成了名人、伟人，也不像有些什长被杀头碎尸。他因祸（患有脚疯痛）得福（回到了家乡），过上了稳稳的顺当日子：买船、倒货、娶亲。一帆风顺地有了大小四只船、一座吊脚楼房、一个妻子、两个儿子——天保和傩送，当然或多或少还存有一些银子。大半辈子事业家庭一路上走得顺风顺水，可以说是"名副其实"了，读者也很容易体会到沈从文给他命名为"顺顺"的良苦用心。他不如此顺利地走过来，又怎会有了天保、傩送这两个有情有义的好儿子，又怎会有了这让我们反复咀嚼的小城故事。然而，他的晚年却很不顺，眼看就要儿孙满堂，尽享天伦之乐了，却在瞬间化为乌有。两个儿子：死了一个，走了一个。大半辈子顺风顺水的他，竟时来运走，诸事不顺了。这是顺顺的悲哀，也是沈从文给顺顺开的一个人生大玩笑。这种命名内蕴上的反讽性，向读者揭示：人生不如意十之八九，任谁都不可能总那么顺的！

六、杨马兵

在《边城》中充当配角的杨马兵，最终却成了翠翠的唯一靠山，唯一信托人。这个年近六十的老兵，原本是和翠翠的父亲同营当差的马夫。老船夫去世后，他来帮忙料理丧事。有这样一个细节也许很多粗心的读者会忽略：他要把马托给营里人照料，才能安心地过来陪伴翠翠。我们可以了解到他的一生都在侍候军马。老了老了还在持续着"戎马"生涯，他是真真正正的"养马兵"！

杨马兵与老船夫是一对老伙伴：经常一起聊天、一起抽旱烟、一起赶集，偶尔还一道喝上几口浊酒。他不仅是老船夫的朋友，更是知音。老船夫走得那样匆忙，这种匆忙使其根本没有向杨马兵托孤的时间与机会。但是，杨马兵却主动地接下了老船夫的担子，主动地成了翠翠的守护者。这样主动的善良，令读者动容。

纵观《边城》全文，我们也找不到有关他的家儿妻小的任何只言片语，只知道他早年为翠翠的母亲唱歌却得不到回应。由此可以推断：他爱过翠翠的母亲并且他终生未娶。年轻时，他与翠翠的父亲同营当差，是翠翠父亲的老战友。此外，他还是翠翠祖父的知心老友。这个边城里毫不起眼的老者，与翠翠有着千丝万缕的联系。这种联系，更准确地说是缘分。这样的缘分，让痛失亲人、爱人的翠翠，不会那么孤单、无助。

《边城》的人物命名艺术贵在每一个称呼都使人物形象生动活泼、栩栩如生，同时兼顾与人物自身命运的紧密联系。每个人物的命名都富含了作者的心态、立场、观点、情趣、愿望和理想，使读者更好地了解作者，从而更准确地把握作品！

‖ 作品来源 ‖

发表于《名作欣赏》2014年第23期。

从《边城》的山水、人物、风情看沈从文的审美意识

陈保荣

导 读

　　沈从文以茶峒小溪边摆渡的祖孙二人为中心，构建了一个风光优美、人物纯朴的《边城》故事。本文试从小说的自然山水美、人性淳朴美和悲剧崇高美三个方面为主要侧重方向，来一一分析沈从文的审美意识。

　　沈从文是一个沉醉于诗情的作家，一条绵长千里的湘西水，维系着他的审美理想和人生寄托。小说《边城》就是通过描绘边城的山水风光、人际关系、民风习俗，表现他追求"优美、健康、自然而又不悖乎人性的人生形式"，追求人与自然、人与人之间的和谐之美。

一、以自然山水美为铺垫，表现美的人生形式

　　《边城》以湘西的自然山水景物为背景，建构了一个优美的故事。文章开始几句简单的交代，让我们立刻感受到湘西的美丽。"由四川过湖南去，靠东有一条官路。这官路将近湘西边境到了一个地方名为'茶峒'的小山城时，有一小溪，溪边有座白色小塔，塔下住了一户单独的人家。这人家只一个老人，一个女孩子，一只黄狗。小溪流下去，绕山岨流，约三里便汇入茶峒的大河。人若过溪越小山走去，则只一里路就到了茶峒城边。溪流如弓背，山路如弓弦，故远近有了小小差异。小溪宽约二十丈，河床为大片石头做成。静静的水即或深到一篙不能落底，却依然清澈透明，河中

游鱼来去皆可以计数。"这就是作者给主人公安排的生活之地：依山傍水、远离尘嚣、和平安祥，如世外之境。

（一）山之美

山有巍峨、有高大、有雄伟，但《边城》中的山却是柔美的。"茶峒地方凭水依山筑城，近山的一面，城墙如一条长蛇，缘山爬去。""在小溪的两岸多是高山，山中多可以造纸的细竹，长年作深翠颜色，逼人眼目。""两山深翠逼人竹篁中，有黄鸟与竹雀杜鹃鸣叫。"简洁的交代，就让我们看到了边城的山与其他处的不同，山与水相傍，城墙沿山而建，小溪两岸的山上是长满了细竹的深翠颜色，而深翠逼人的竹篁中还有黄鸟、竹雀与杜鹃鸣叫，这样的山自然不是峭石林立的可怕景色，这样的山当然给人以柔美的感觉。

（二）水之美

"茶峒"凭水依山筑城，水自然是少不了的，与近山的城墙相呼应的是临水的码头与河街，河街的房子莫不设有吊脚楼。围绕山城、穿街而过的那条河水便是历史上知名的酉水，新名字叫作白河。白河下游到辰州与沅水汇流后，便略显浑浊，有出山泉水的意思。若溯流而上，则三丈五丈的深潭皆清澈见底。深潭为白日所映照，河底有小小的白石子，有花纹的玛瑙石子，全看得明明白白。水中游鱼来去，全如浮在空气里。白河的支流、老船工撑渡的小溪，更是让人不能忘记，虽然宽约二十丈，但静静的河水即或深到一篙不能落底，却依然清澈透明。当春水发时，可以直达川属的秀山；当秋冬之际水落时，河床流水还不到二十丈？在边城里，不论什么季节，也无论水涨水消，水和水边的风景都给人极优美的感觉。

（三）风光美

近距离看过边城山水风光细致之美，不妨远距离再看看边城的山水远眺之美。近水人家多在桃杏花里，春天时只需注意，凡有桃花处必有人家，凡有人家处必可沽酒。夏天则晒晾在日光下耀目的紫花布衣裤，可以作为人家所在的旗帜。秋冬来时，房屋在悬崖上的、滨水的，无不朗然入目。黄泥的墙，乌黑的瓦，位置则永远那么妥帖，且与四周环境极其和谐，是人迎面得到的印象，实在非常愉快。这是边城总的自然面貌，山清水秀、高山细竹、桃杏花里酒店人家，古朴的吊脚楼，耸立的小白塔，一脉清流相伴随……花自开来水自流，自然的生命季节循环不息。如此自然的环境，本身便是诗意盎然，再与世隔绝，更增添了几分诗意的神秘。这些景致让人不由自主地想到陶渊明笔下的"桃花源"。

二、以人性淳朴美为核心，构建美的人生形式

沈从文在渲染大自然美的同时，更是赞美了生活在这儿的纯朴的人和美的人生形式。他的作品常常神往于不受"近代文明"玷污，多的是写原始古朴的人性，于是在创作时往往去除现实生活中严酷的政治经济关系，而在古老的生活节奏与情调中塑造一系列不带社会阶级烙印的自然化的人，讴歌自在、自得的人生，追求"优美、健康"的生活。并力图从平民心灵深处去挖掘闪光的人性，如忠厚、善良、勤劳、勇敢、坚贞、纯洁等。《边城》在这点上表现得更为突出。

（一）爱情之美

《边城》中翠翠的形象，是全书之魂，她和祖父在古老而又清澈的溪水边、小船上、白塔下相依为命，不贪财、不羡贵、不嫌贫、不偷懒，愿守清贫，甘于助人。随着年龄的增长，有了青春期少女们同有的心事和分不清、道不明的心绪。在路遇傩送的误会冲突后，朦胧的爱意便在翠翠心中萌发。两年后端午节前夕她又见到了傩送，情不自禁地对爷爷说"那个人很好"。当她看划船时无意间听到别人议论傩送婚事时，一向沉稳的翠翠心中也便乱作一团，甚至傩送和她说话也忘了应答。再后来，傩送在月下为翠翠唱歌，酣梦中的翠翠竟被傩送的情歌所吸引，灵魂也浮了起来。可惜的是她却不

知道这月下唱歌的年轻后生就是自己爱着的傩送。不久，天保为爱离家出走落水而死，傩送寻兄归来过溪时，又得不到翠翠的一点暗示，便赌气远走他乡。而翠翠忍受着亲人离去之痛，仍决定留在渡船上翘首期盼心上人的归来。

这就是边城中年轻人的爱情故事，没有山盟海誓，没有离经叛道，朴素纯情，蕴含着东方的传统美德。一方是个天真无邪的山区女孩，聪明、美丽、乖巧、纯朴、善良。一方是个童稚无欺的乡下小伙，勇敢、英俊、豪爽、热情、勤劳。在这人杰地灵的偏僻之地，两颗年轻的心靠拢了，他们按照自己的标准同时选择了对方。

（二）成人之美

在《边城》中，沈从文更多表现的是对人性美的追求，这是基于自然美基础上的更高形式的美，是通过一系列美好的人生形式表现出来的。正如批评家刘西渭所说："这些可爱的人物，各自有一个厚道然而简单的灵魂，生息在田野晨阳的空气里。他们心口相应，行为思想一致。他们是壮实的、冲动的，然而有的是向上的情感。对于生活没有过分的奢求，他们的心力都用在别人身上：成人之美。"无论是茶峒的农民，还是那些士兵、商人，"毛手毛脚"的水手，以及把"眉毛扯成一条细线"的妓女，都充满人情味和散发着人性美的光辉。

小说中老船夫的形象简直就是边城人民美德的化身。"他从不思索自己职务对于本人的意义，只是静静的、很忠实地在那里活下去"，"仿佛不能够同这一份生活离开"。他摆渡从不要钱，有人心中不安，抓了一把钱掷到船板上时，他必为一一拾起，依然塞到那人手中去，俨然吵嘴时的认真神气："我有了口粮，三斗米，七百钱，够了！谁要你那个！"有时实在"却情不过"，不得已收下几枚铜子，就回赠一把烟叶，或在酷暑时置备凉茶，免费赠饮过路旅人。当有人离船上岸时，他会说"慢点，慢点"嘱咐过渡人不要出现闪失。因为他的认真负责，所以人们习以为常地认为任何时间到渡口，老船夫都会在那里等着，唯一一次没有渡船的原因是渡船冲走了，老人死了。

不光老船夫如此，即便是作为掌水码头的船总顺顺，也是个慷慨而能救人之急的人。因为他的大方洒脱，"事业虽十分顺手，却因欢喜交朋结友，慷慨而又能济人之急，便不能同贩油商人一样大大发作起来。自己既在粮子里混过日子，明白出门人的甘苦，理解失意人的心情，故凡因船只失事破产的船家，过路的退伍兵士，游学文墨人，凡到了这个地方闻名求助的，莫不尽力帮助"。因为洒脱，扣下了老船夫的酒葫芦，尔后又派人送回了装满了酒的酒葫芦；因为老船夫称赞了儿子捉下的那只肥鸭两次，他就要儿子把鸭子给翠翠；因为知道祖孙二人的日子十分拮据，节日里自己不能包粽子，又送了许多尖角粽子；在当老船夫过世后，他也来了，还跟着一个人扛了一口袋米、一坛酒、一腿猪肉。见了翠翠就说："翠翠，爷爷死了我知道了，老年人是必需死的，不要发愁，一切有我！"不仅帮助葬了老人，还不计前嫌提出将孤身一人的翠翠接回家中照料。

爷爷的老朋友杨马兵对翠翠的照顾也感人至深，这位钟情于翠翠的母亲、又被拒绝的杨马兵，最终义不容辞地接过照顾"心上人"女儿翠翠的任务。处处小心地照看着失去祖父的孤儿，在翠翠伤心时他动情地说"听我说，爷爷的心事我全都知道，一切有我。我会把一切安排得好好的，对得起你爷爷。我会安排，什么事都会。我要一个爷爷欢喜、你也欢喜的人来接收这渡船！不能如我们的意，我老虽老，还能拿镰刀同他们拼命。翠翠，你放心，一切有我！……"之后毫无私心地将自己的马匹托营上人照料，自己同翠翠做伴，把一个一个日子过下去，让"翠翠仿佛去了一个祖父，却新得了一个伯父"。

这就是湘西的风土人情，这就是茶峒人的善良。这份浓浓的人情、这种纯朴的乡情无不体现出沈从文对美的人生形式的追求。

三、以悲剧的形式，显示美的人生形式的崇高

《边城》在展示自然、优美、健康的人生形式的同时，却流淌着一股悲

剧的旋律。对于什么是悲剧，鲁迅先生有一句简洁明了的话："喜剧是把人生无价值的东西撕破给人看；悲剧则是把人生有价值的东西毁灭给人看。"小说《边城》中风光秀丽、人性美好，却无法避免结局的悲伤，用沈从文自己的话说就是："一切充满了善，然而到处是不凑巧，既然是不凑巧，因之朴素的善良难免产生悲剧。"翠翠与傩送虽然互相深深爱着对方，但未能心有灵犀一点通；爷爷非常关心孙女的未来，但不能理解翠翠内心所想和爱的追求；顺顺一家虽待人宽厚、做事公正，但不能理解老船夫"走马路""走车路"所包含的意思。于是一系列的误会就不可避免地发生了：傩送误会了翠翠的意思，负气坐船下了桃源；爷爷误会了翠翠的意思，无意中增添了不少障碍；顺顺父子也因误会了这位老船夫的用意而使他的希望破灭，悲惨死去。人生的悲剧就在这种不沟通中埋下，理想的幸福就在这种机缘中更加遥不可及。因为不沟通、因为不凑巧、因为偶然，使人与人之间出现误解、产生隔膜、发生矛盾，这些无法避免、无法预测的偶然给故事增添了悲剧的气氛，一篇旨在为人们提供"优美、健康、自然而又不悖乎人性的人生形式"的作品，最终却激发了读者对人物命运的牵挂和哀叹，达到引人深思的悲剧效果。

作者安排的种种偶然会让我们感到新鲜，感悟生活原生态的真实，同时又似乎在提醒我们，那诗情画意的世界终究是梦，一切偶然都可以打破这湘西世界里的安静生活，使生活在其中的人们无力逃脱它的魔掌，同时又把这个善良浪漫的世界裹上了一层浓厚的神秘色彩，更加奇幽、诡秘。正是作者这种对悲剧崇高美的追求，让他在小说中把原本美好的东西打破、毁灭，使读者内心震撼的同时，感受悲剧的崇高美，达到了作者追求的效果。

‖作品来源‖

发表于《现代语文（文学研究版）》2009年第6期。

论沈从文小说《边城》的诗化特色

黄巨龙

导 读

　　《边城》是沈从文"诗化系列小说"的代表作,研读《边城》后觉得其诗化特色主要有四个方面:故事情节充满浪漫的诗意、环境描写洋溢浓郁的诗情、语言表达蕴含丰富的诗味、人物形象彰显鲜明的诗性。

　　中国现代文学大师沈从文曾称自己是 20 世纪"最后一个浪漫派",他在《水云——我怎么创造故事,故事怎么创造我》一文中写道:"我准备创造一点纯粹的诗……完美爱情生活并不能调整我的生命,还要用一种温柔的笔调来写爱情,写那种和我目前生活完全相反,然而与我过去情感又十分接近的牧歌,方可望使生命得到平衡。"他还宣称:"有人用文字写人类行为的历史,我要写我自己的心和梦的历史。"沈从文正是在这样的创作动机的驱动下,用勃发的内心激情和温柔的抒情笔调,为人们创造出一个个具有浪漫色彩的传奇故事,编织出一个个富有诗情画意的理想梦境,谱写出一曲曲充满乡土气息的田园牧歌,形成了包括《边城》《萧萧》《三三》《月下小景——新十日谈之序曲》《媚金·豹子·与那羊》等在内的"诗化系列小说",其中《边城》是沈从文"诗化系列小说"的代表作。研读《边城》后觉得其诗化特色主要有以下四个方面。

一、故事情节充满浪漫的诗意

　　一般来说,小说是由故事情节编织而成,其结构是由故事的开端、发展、高潮和结局四个部分组成。沈从文小说《边城》以翠翠的爱情悲剧作为线索，淋漓尽致地表现了湘西地方的环境美、风情美和人性美。《边城》的结构异常完美，整部小说共二十一节，第一至三节是故事的开端；第四至十九节是故事的发展；第二十节是故事的高潮；第二十一节是故事的结局。然而，《边城》二十一节，各节起讫圆满，宛如二十一首散文诗，而且一气呵成，又像一首二十一节组成的长诗。

《边城》的第一至三节主要交代故事发生的背景，沈从文运用浪漫主义的创作手法，以温柔的、抒情的笔调，创造出"山美、水美、人更美"的田园诗的意境。你看主要人物的出场一半是"梦"，一半是理想的"现实"：主人公翠翠的诞生是其已故父母浪漫爱情的结晶；翠翠的长成和命名、老船夫的工作和性格与充满浪漫诗意的湘西有密切的关系。"这人家"的成员："只一个老人，一个女孩子，一只黄狗"，沈从文把黄狗看成是"这人家"的成员，显示了人与自然万物的亲密关系，颇具浪漫的诗意；顺顺的发迹、家庭组合、掌水码头的事、两个儿子的命名和边城的民风、民俗等，无不充满浪漫的诗意。

《边城》第四至十九节是故事的发展，沈从文以边城民间的传统节日——端午节为平台，用倒叙的方法，追述两年前第一个端午节以来发生的事情。

第一个端午节翠翠在河边看龙舟。当赛龙舟活动接近尾声时，翠翠与傩送二佬初次相遇。二佬的一番好意却被翠翠误解为"恶意"，并被翠翠轻轻地骂一顿："你个悖时砍脑壳的！"接着，二佬又把翠翠的恶意之言误解为"好意"。后来，二佬派家里的伙计打着火把送翠翠回家，翠翠回家后为自己先前骂人的那句话"沉默了一个夜晚"。沈从文对翠翠与傩送的误解以及误解后双方的言行举止进行绘声绘色的描写，充满浪漫的诗意。

第二个端午节，翠翠在河街看龙舟。翠翠一心想看看心上人——二佬，"却不曾见及这个人"，后来，"从祖父与那长年谈话里"得知"二佬是在下游六百里外青浪滩过端午的"。翠翠这个端午节虽然没有见到二佬，却认识了二佬的哥哥天保——大佬，而且还得到顺顺叫大佬送给她的一只"白鸭子"和许多尖角粽子。祖父好高兴，翠翠却不稀罕，因为翠翠的心一直惦念二佬，而大佬喜欢上美丽清纯的翠翠。在第三个端午节临近的前几天，大佬向翠翠的祖父表白要娶翠翠为媳妇的心愿，大佬言行举止使翠翠与二佬平静的爱河中掀起一股逆浪，为充满浪漫诗意的爱情故事的发展埋下伏笔。

第三个端午节那天大清早，二佬借送酒葫芦给老船夫之机，邀请翠翠和老船夫到他家的吊脚楼上看龙舟，并与祖父谈了许多话，祖父听在耳里，喜在心头。而翠翠对二佬的到来，表面是爱理不理，装作不认识，其实看在眼里，喜在脸上，甜在心头；特别是翠翠在顺顺家的吊脚楼看龙舟时得知：王团总看上了傩送，情愿以碾坊作陪嫁把女儿嫁给傩送，而傩送不要碾坊要渡船。顿时"翠翠脸发火发烧"，"心中不免有点儿乱"。这次活动结束时，翠翠与二佬在河边再次相遇，俩人会心地微笑着与祖父一起回到他家的吊脚楼上。沈从文在此把翠翠与二佬爱恋写得情真意切，且极富浪漫的诗意。

第三个端午节后，大佬"走车路"，叫父亲顺顺委派杨马兵向祖父提亲，得到祖父的认可。翠翠得知"人来做媒的大佬"，"不做声，心里只想哭"。大佬"走车路"又在翠翠与二佬平静的爱河中再次掀起一股逆浪。后来兄弟俩互相表白爱上翠翠，相约采用边城人唱歌求婚的方式，进行公平竞争，让翠翠选择。大佬知道翠翠喜欢傩送后，为了成全弟弟，驾船外出，不料意外身亡。二佬自认对哥哥的死负有责任，且哥哥的尸体又没有找到，心里非常悲痛，便去川东办货，然而，去回两次过渡，由于祖父说话不得要领，导致与二佬的误会不断加深。祖父又不识时务，对翠翠与二佬的婚姻操之过急，让本来内心非常悲痛的顺顺产生误会，甚至有些恼怒了；祖父去核实"船总与中寨团总打亲家之事"，结果是"真的"，加上老谋深算的中寨人歪曲二佬的意思，这给祖父在精神上以沉重的打击，祖父深感翠翠与二佬的婚姻遇到了难以逾越的障碍。而年幼单纯的翠翠全部的心念都在自己的感情上，对一连串误会造成的严重的局面毫无察觉，祖父又不能明讲，导致他钢铁般的心理防线几乎崩溃。沈从文运用一明一暗、一紧一松的表现手法，把翠翠与二佬爱情故事的发展写得波澜起伏，富有浓郁诗意。

《边城》第二十节是故事的高潮。大自然的淫威给人类带来许多灾难，人世间的误会给人们的心灵留下许多创伤，祖父在翠翠与二佬爱情故事的发展过程中，愿望与现实的差距和一连串的误会，产生了一个又一个解不开疙瘩，导致他在雷雨之夜带着许多心事去世。沈从文把祖父的死也写得富有诗的意境，祖父对自己的事有预感，人事与天象非常吻合。《边城》第二十一节是故事的结局。沈从文采用浪漫主义的笔调把《边城》的结局处理得如诗如画，收到极佳的艺术效果。

首先，祖父安息后，这家人成员的变化充满浪漫诗意。这家人还是由三个成员组成：一个伯父，一个女孩子，一只黄狗。"使翠翠仿佛去了一个祖父，却新得了一个伯父。"而且这个新得伯父比祖父还祖父，说故事的本领比祖父高一筹，言行举止比祖父更加浪漫，天天嘶着个老喉咙给翠翠唱歌。尤其是他（杨马兵）年轻时牵了马匹到碧溪来对翠翠母亲唱歌，翠翠的母亲不理会，到如今自己却成为这孤雏的唯一靠山，唯一信托人，充满了浪漫诗意和传奇色彩。

其次，沈从文把故事的结尾处理得更是诗意盎然。《边城》的结尾写道："到了冬天，那个圮坍了的白塔，又重新修好了。"此句展示出"冬天到了，春天还会远吗"的意境（If winter comes，can spring be far behind？是英国浪漫主义诗人雪莱《西风颂》的诗句）。边城碧溪的"白塔"象征"理想的人生形式"，"白塔"的重新修好反映出沈从文对重建"理想的人生形式"的信心，使读者对未来充满希冀。然而，作者笔锋一转，写道："可是那个在月下唱歌，使翠翠在睡梦里为歌声把灵魂轻轻浮起的年轻人，还不曾回到茶峒来。……这个人也许永远不回来了，也许明天回来！"这是神来之笔，宛如和尚撞钟，余音袅袅，回味无穷。这两句话是《边城》的"文眼"，暗示了二佬的未来难以预料，翠翠的未来、茶峒人的未来、"理想的人生形式"重建都难以预料。但沈从文又不忍心让翠翠彻底绝望，而让她带着希望接受爱情的考验与磨难，等待恋人的归来；同时，也给读者留下希望、期待与遐想，创造出"希望与担忧同在，机遇与挑战共存"的充满浪漫诗意的艺术意境。

沈从文深谙"文似看山不喜平"之味，运用经纬交织与明暗结合的表现手法，展示故事情节；把理想与现实的冲突、人与命运的抗争、人世间的许多误会，衍生出了多变的波澜。整部小说的故事情节写得起伏跌宕、波澜迭起，散发着浪漫的诗意，给人一种美的享受。

二、环境描写洋溢浓郁的诗情

小说的环境有自然环境和人文环境之分。沈从文在《边城》中，对自然环境和人文环境运用抒情笔调进行绘声绘色的描写，洋溢着浓郁的诗情，使人们对那"边城世界"充满了无限的遐想。

（一）自然环境描写洋溢浓郁的诗情

沈从文曾声称："我要表现的本是一种'人生形式'，一种'优美、健康、自然，而又不悖乎人性的人生形式'。"他是这样说的，也是这样做的。他在这小小的边城世界中独享那份古朴清醇的自然神韵，用心享受那份来自大自的优美馈赠，在看似简单的叙述中融会了他无限的情思。《边城》主色调是绿色。"绿色"象征着希望、和平、宁静；"绿色"是诗的颜色，是和谐的颜色。沈从文笔下的边城无处不诗情：山是绿的，水是绿的，自然景物无不映衬着青山绿水。你看：满目苍翠的大山，深翠逼人的竹篁，清澈见底的深潭碧水，古老的青石，青石滩绿绿的河藻，绿水中的船只，掩映绿水间的吊脚楼……这一切都与绿色相关，都是深浅不同的绿色意境。

《边城》共二十一节，每节都可以绘成一幅风景画或民俗画，自然而又清丽，优美而又富有诗情，让人如入梦境，呈现出自然的和谐氛围，给人创造出优美、清新、恬淡、宁静的自然环境，美不胜收。

（二）人文环境描写洋溢浓郁的诗情

沈从文说："我们家乡所在的地方，一个学习历史的人便会知道，那是'五溪蛮'所在的地方。那地方直到如今，也仍然为都市中生长的人看不上眼。假若一种近于野兽纯厚的个性就是一种原始民族精力的储蓄，我们永远不大聪明，拙于打算，永远缺少一个都市中人的兴味同观念，我们也正不必以生长到这个朴野边僻地方为羞辱。"沈从文正是怀着对故乡的"眷恋"和"痴情",对现代腐朽庸俗社会风气的"厌倦"和"憎恶",描绘出他童年记忆中的"边城世界":社会政治环境如平静清澈的一池碧水,无波无澜,人与人、人与自然、人与自我间和谐一致,亲密无间,"这个民间世界中,一切藏污纳垢的东西都没有了,不存在什么阶级分析的东西"。文化环境健康而富有诗情:中秋节,青年男女用对歌的形式在月夜下倾吐爱意;端午节,家家锁门闭户,到河边、上吊脚楼观赏龙舟竞赛,参加在河中捉鸭子的活动,"不拘谁把鸭子捉到,谁就成为鸭子的主人";正月十五,舞龙、耍狮子、放烟火,"小鞭炮如落雨的样子"。总之,沈从文笔下的"边城世界"积淀着深厚博大而又神秘瑰丽的楚文化,是一个恬静平和而又富有诗情画意的人间仙境。

三、语言表达蕴含丰富的诗味

"文学是藉语言文字作雕塑描写的艺术",文学语言是指作家按照艺术世界的诗意逻辑创造的特殊话语。作家创作文学作品的目的不是告诉人们现实中具体发生了什么事,并不一定寻求与外在客观事实相符,而是要把自己对生活的审美认识用文学语言创造性地表现出来。文学作品中塑造的形象是否鲜明、是否新颖,就决定于作家对各种语言表达手段的运用。《边城》成功的条件之一,就是沈从文恰当地调用了表现语言艺术的各种手段。因此,语言表达蕴含丰富的诗味是沈从文小说《边城》的诗化特色之一。具体表现在如下几个方面:

(一)追求词语的精炼性

沈从文宣称要把《边城》写成"纯粹的诗",其动因是"这一年,我的过去痛苦的挣扎,受压抑无可安排的乡下人对于爱情的憧憬,在这个不幸故事上,才得到了排泄和弥补"。沈从文就是在这一动因的驱动下,把翠翠与二佬的爱情故事凝结成"诗"。为此,作者在语言表达上追求词语的精炼性和诗意化。如小说第二节第二自然段中写道："水中游鱼来去，全如浮在空气里。两岸多高山，山中多可以造纸的细竹，长年作深翠颜色，逼人眼目。"第一句中的"浮"这个动词，既描绘出水中游鱼悠然自得的神态，又凸显出白河之水清澈明丽的景象；第二句中的"逼"这个动词，既把细竹的深翠颜色由静态变为动态，渲染了细竹色彩的浓烈，又呈现出白河两岸的高山充满生机，富有天然之趣。这两个词准确凝练，蕴含着丰富的诗味。又如小说第七节第十二自然段中写道："她有时仿佛孤独了一点，爱坐在岩石上去，向天空一片云一颗星凝眸。""凝眸"一词，既描绘出少女翠翠情窦初开，坠入爱河的神态，又暗示翠翠是在思念二佬，既精到而又极富诗味。再如"祖父眼中也已酿了一汪眼泪"中的"酿"、"装成狡猾的神气笑着"中的"狡猾"、"便尽只反复温习这些女孩的神气"中的"温习"、"也同时为一些很神秘的东西驰骋，她那颗小小的心，但一到夜里，却甜甜的睡眠"中的"驰骋"等词，精炼恰当，富有浓郁诗味。而这类精炼性词在《边城》中比比皆是，可见沈从文锤炼词语的技巧何等纯熟。

（二）追求词语的含蓄性

　　沈从文在《边城》中常用民间的俗语来暗示故事情节的发展，使其小说具有含蓄之美。如小说第七节第十二自然段中写道："祖父若问：'翠翠想什么？'她便带点羞涩情绪，轻轻地说：'在看水鸭子打架！'"文段中"在看水鸭子打架！"这是当地的一句俗语，照当地的习惯意思就是"翠翠不想什么"，其实翠翠想得很远，很多……既逼真地表现了农村少女翠翠的羞涩情绪，又暗含少女初恋难以言表的心理情形，还暗示翠翠与二佬的爱情故事的发展，更凸显出翠翠单纯娇憨而又有丰富情感的特征。又如小说第十节第二十五自然段中写道："他说，车是车路，马是马路，各有走法。"这是当地求婚的俗语，意思是要么走车路，由家长出面提点心正式提亲；要么走马路，以唱歌形式，唱三年六个月的歌来赢得姑娘的心。再如"炒菜要人吃，唱歌要人听""牛肉炒韭菜，各人心里爱""一切皆是命，半点不由人""八面山的豹子，地地溪的锦鸡"，等等，沈从文对民间俗语恰如其分的运用，言简意明，既含蓄又极富诗味，形成作品独特的民族特色和鲜明的个人风格。

（三）追求词语的生动性

沈从文在《边城》中执意追求词语的生动性，采用多种修辞手法来描绘环境，刻画人物，抒发情感，其中最突出的是排比和比喻的运用。

1. 善用排比。运用排比的修辞手法来描绘环境，刻画人物，抒发情感，是沈从文小说创作惯用的手法，他在《边城》中表现得尤为突出。

如："生气了吗？等久了吗？吵嘴了吗？"这是由三个问句组成的排比，既凸显老船夫情场经验老到，又表明老船夫自作聪明，胡乱估计，还暗示老船夫与二佬的误会加深。又如："翠翠不能用文字，不能用石头，不能用颜色把那点心头上的爱憎移到别的一件东西上去，却只让她的心，在一切顶荒唐的事情上驰骋。"这是由三个否定句组成的排比，既说明了翠翠每天做梦的原因，又表明翠翠对二佬的感情越来越浓烈，还暗示翠翠在二佬面前是羞怯的，她对二佬的那份痴情没有采取有效的行动，只能在心里驰骋。再如"火是各处可烧的，水是各处可流的，日月是各处可照的，爱情是各处可到的"。这是由四个主谓句组成的排比，既突出了边城人民的民俗风情的质朴，又暗示着爱情生活的自由。此外，"她喜欢看扑粉满脸的新嫁娘，喜欢说到关于新嫁娘的故事，喜欢把野花戴到头上去，还喜欢听人唱歌"。这组排比，既表露了翠翠初恋的情形，又暗示翠翠追求爱情的强烈。沈从文在《边城》中恰当运用排比，达到言简意明、生动形象、节奏和谐，情真意切而又富有诗味的艺术境界。

2. 巧用比喻。在《边城》中，沈从文常用比喻修辞手法对"爱"与"美"的诗性进行讴歌与咏叹，达到了高度的审美境界。

如《边城》第一节第六自然段写道："翠翠在风日里长养着，把皮肤变得黑黑的，触目为青山绿水，一对眸子清明如水晶。自然既长养她且教育她，为人天真活泼，处处俨然如一只小兽物，人又那么乖，如山头黄麂一样，从不想到残忍的事情，从不发愁，从不动气。"这里以"水晶"比喻翠翠清澈明亮的眼睛，以"小兽物"和"黄麂"来比喻翠翠天真活泼、乐观善良的性格，既生动形象，又表达了作者对翠翠的喜爱之情。又如《边城》第三节第八自然段中写道："这船便如一枝箭似的，很迅速地向下游长潭射去。"这里以射箭速度比喻船的速度之快，既突显了边城青年人健康强壮而富有活力，又暗示边城山水之美，创造出"一方水土养一方人"的意境。再如"鼓声如雷声""溪流如弓背，山路如弓弦""水中游鱼来去，全如浮在空气里""一切皆像是祖父说的故事"，等等。沈从文在《边城》中恰当运用比喻，既生动形象，又蕴含丰富的诗味。

四、人物形象彰显鲜明的诗性

在传统小说中，人物形象的塑造是通过对人物进行精雕细刻的描写来实现的。人物描写又包括肖像、行为和语言描写，这些对人物进行精雕细刻的描写占据了大量的篇幅。在诗化小说中，人物形象的塑造主要是体现人物的诗性品格，人物描写多采用白描手法，三言两语勾勒出人物的诗性。沈从文在《边城》中塑造的人物形象彰显鲜明的田园牧歌的诗性品格，体现了中国人的审美理想。

如沈从文笔下的翠翠是其父母通过边城人惯用的以歌求爱的方式唱出来的，是父母富有浪漫诗意的爱情结晶，她的骨子里有父母遗传的田园牧歌的诗性基因；而且她又是在富有自然诗性的环境中成长，这来自大自然的诗性环境养育了她田园牧歌的诗性品格；翠翠与二佬的爱情也是在充满浪漫诗意的氛围中孕育、发展的。因此，沈从文把翠翠塑造成天真活泼、纯朴良善、乐观勤快、情感丰富的艺术形象，彰显翠翠具有鲜明的田园牧歌的诗性品格。

又如沈从文笔下的渡船老人有纯朴良善、诚实本分、勤劳勇敢、热情好客、重义轻利的传统美德：他管理渡船，无论风吹雨淋，寒暑春秋，皆忠于自己的职责。因为食公家粮禄，过渡人出于感谢送给他的钱物，他一概极力退还；不得已得来的好处，总想法超量报答；他又有憨态固执、迂阔天真的"老顽童"的性格；他在家里非常节俭，但对客人落落大方，尽在壶中酒；而芥微小事，老人的反应却庄严凝重，二者形成强烈反差。所有这些，都彰显出渡船老人鲜明的诗性品格。

再如沈从文笔下的其他边城人：船总顺顺正直豪爽，而又古道热肠，乐善慷慨；天宝大佬豪勇率直，而又知情晓义，守信自约；傩送二佬眉眼俊秀，而又不图名利，爱情专一；老道士乐善虔诚，而又忠于职守，尽心尽力；老马兵心地善良，而又情感丰富，求爱浪漫；船总家的水手服从安排，而又公事公办，尽职尽责等，这些边城人的诗性品格跃然纸上。

总之，沈从文笔下的边城人是"一群未被近代文明污染"的善良人，具有田园牧歌的诗性品格，是人性美的代表，他们保持着昔日宁静和谐的生活环境与纯朴勤俭的古老民风。沈从文在《边城》中给人们建构了一个充满自然人性的"理想的边城世界"。

‖作品来源‖

发表于《名作欣赏》2010年第20期。

沈从文的"和谐社会"——《边城》和谐意味的诗性分析

赵金钟

导 读

沈从文的《边城》以神仙般清丽飘逸的情调，为我们塑造了一个令人神往的神仙境界。这一境界的突出特征是"和谐"。和谐产生着恬淡，恬淡孕育着自然，自然生产着优美。《边城》便以这多种美质调和而成的和谐意蕴逼近并浸润着读者的心灵。沈从文的"和谐社会"包括三个部分：和谐的自然环境、和谐的社会环境与和谐的生命形式。这三者是递进关系：和谐的自然孕育了和谐的社会，和谐的社会又孕育了和谐的人生。

沈从文的《边城》以神仙般清丽飘逸的情调，为我们塑造了一个令人神往的神仙境界。这一境界的突出特征是"和谐"。和谐产生着恬淡，恬淡孕育着自然，自然生产着优美。《边城》便以这多种美质调和而成的和谐意蕴逼近并浸润着读者的心灵。

它首先为我们描绘了一个桃源梦境。这是沈从文的"和谐社会"。这一桃源梦境与陶渊明的桃花源境界有着内在的精神联系，都体现了中华民族对"天人合一"的理想境界的皈依与追求。但沈从文的桃源梦境绝不是先人的翻版，它具有新的内涵。它通过对湘西带有原始情调和神秘色彩的自然环境与风俗习惯的描写，熔原始的神秘美、自然美、风俗美和人情美、情感美于一炉，进而形成独具情调的意境美，以表现作者关于理想社会的构想。

沈从文的"和谐社会"包括三个部分：和谐的自然环境、和谐的社会环境与和谐的生命形式。这三者是递进关系：和谐的自然孕育了和谐的社会，和谐的社会又孕育了和谐的人生。作者对优美的自然环境的描写自不待说，对优美的社会环境的描写也非常感人。"边城"本是一个商业码头，但人们在交往中看中的却是"情义"二字：老船夫忠于职守、不取分文；船总顺顺慷慨豪爽、乐善好施；少女翠翠诚实善良、乐于助人，就连屠夫、妓女也都重义轻利、守信自约。茶峒人的人生信条浸润着浓郁的中华民族的传统美德。

感情好的，互相咬着嘴唇咬着颈脖发了誓，约好了"分手后各人皆不许胡闹"，四十天或五十天，在船上浮着的那一个，同留在岸上的这一个，便皆呆着打发这一堆日子，尽把自己的心紧紧缚定远远的一个人。尤其是妇人感情真挚，痴到无可形容，男子过了约定时间不回来，做梦时，就总常常梦船拢了岸，一个人摇摇荡荡的从船跳板到了岸上，直向身边跑来。这是"边城"嫖客与妓女的生活情状。那情形"较之讲道德知羞耻的城市中人还更可信任"。

诗意化的自然环境和牧歌式的社会环境，造就了"边城人"自然、健康、优美的生命形式。这种美好的生命形式，在翠翠身上得到了最为美好和最为集中的体现。作者在这位主人公身上倾注了大量的热情，通过许多动人的情节和美妙的动作来描写她的温柔与聪慧、天真与机灵，展示其夺人心魄的形体美和灵魂美。她是大自然的女儿，是"爱"与"美"的化身，在青山、绿水、清风、丽日中长养着，"一对眸子清明如水晶"，"为人天真活泼，处处俨然如一只小兽物。人又那么乖，如山头黄麂一样，从不想到残忍事情，从不发愁，从不动气"。她的这种美丽的外表和纯洁的心灵是与其生活的环境分不开的，大自然既赋予了她清明如水的眸子，也赋予了她清澈纯净的性格。这一艺术形象的出色塑造，生动地表现了作者对质朴自然的人性美的追求。

上世纪三十年代初期，沈从文曾经回到他的家乡凤凰，为当地的变化而深感忧虑："农村社会所保有的那点正直素朴的人情美，几乎快要消失无余，代替而来的却是近二十年实际社会培养成功的一种惟实惟利庸俗人生观。"[①]于是，他要通过《边城》来描写"民族的过去伟大处"以及"目前

---

① 沈从文：《长河·题记》，《沈从文文集（第7卷）》，花城出版社、三联书店香港分店，1984年。

堕落处"，从而从道德的角度探讨"中国应当如何重新另造"的问题①。关于这篇小说的创作动机，沈从文说得十分清楚："我要表现的本是一种'人生的形式'，一种'优美，健康，自然而又不悖乎人性的人生形式'。"②显然，他是要通过对"边城世界"的勾画，来建造一个"和谐社会"，进而发表他对中国民族精神重建问题的思考。这是一个大的课题，是二十世纪中国民族精英们共同探讨的问题。沈从文的探讨是独特的、优美的，但也是无法实现的。他的"和谐社会"正面临着两方面强大力量的冲击：一是现代文明。这使沈从文看到了堕落。小说描写了作者所倾心的自然人性在"现代"急剧变化中的困窘与无奈。团总碾坊对渡船所构成的钱与势的压力，中寨人用心不良对爷爷的伤害，龙舟赛上势利人的势利谈话等，都展露了"现代文明"对"边城世界"的侵蚀；二是命运（天意）。它像一个巨大而无形的网，在阻挠着"美"和"爱"的实现。它使得沈从文显得无奈而又无力——小说中的主要人物都是善良的，都是为他人着想的，然而又偏偏阴错阳差，每一个人的心愿都无法实现。这可以说是小说一开篇就已点明的"天"意（命运）的呈现方式。《边城》的主要情节是表现翠翠与傩送的爱情，这种爱情写得温馨含蓄、冰清玉洁、韵味悠长。然而这种极具神性的爱情却在极具神性的社会中得不到实现：爷爷很有善意，然而正是他的人为的善意使得天保在婚事中越陷越深，也招致了顺顺和傩送的误解，真诚善良的心愿反倒造成了翠翠婚事的说不清道不明的纠葛；顺顺为傩送着想，善意地劝他接受团总的女儿，却大大违背了儿子的心愿。这样，老船夫和顺顺的善意，反而成了孩子们自然感情的羁绊。同样，大佬天保的谦让与出走，又带来了弟弟傩送的深深内疚，而傩送的出走，又使得翠翠深深不安，从而给他们的纯真爱情蒙上了一层阴影。——尽管作者有意淡化与消解这两种力量所带来的忧郁，但正是这两种力量在不以人的意志为转移地颠覆着沈从文的"和谐社会"，将其悬置为空中楼阁。所幸，艺术家不是政治家，他笔下的天下不过是一种纸造的美丽，不是真实的江山。然而正是这纸上

---

① 沈从文:《若墨先生》,《沈从文文集（第 4 卷）》,第 299 页。
② 沈从文:《〈从文小说习作选〉代序》,《沈从文文集（第 11 卷）》,第 45 页。

的江山滋润着一代代读者的心田，陶冶着一代代读者的性情。正如余光中感叹宋朝赵氏与米氏的关系时所言："那天下也许是赵家的天下，那山水却是米家的山水。而究竟，是米氏父子下笔像中国的山水，还是中国的山水上纸像宋画。恐怕是谁也说不清楚了吧？"①这便是艺术的独特魅力。

与作者的"和谐社会"理想相联系的，是《边城》和谐的艺术形式。这种和谐的艺术形式首先表现为和谐优美的情调。沈从文非常重视创作主体情绪的投入，追求小说的抒情性。他认为"真正搞文学的人，都必须懂得'五官并用'不是一句空话！"作家应"习惯于情绪体操"②。所以，无论是叙事、写景，还是勾物、画人，他都情不自禁地将自己浓得化不开的情绪渗透进去，以使事随情转，景缘情生，物因情活，人由情灵。但是，沈从文又反对情感泛滥，主张节制感情，让情感的细流在平静的叙述中缓缓流动。"他不像鲁迅那样，把火热的热情包裹在冰一样的冷静里；也不像巴金，是爆发的倾泻式的热情洋溢。"而是让感情"在娓娓而谈里自然透出，平淡而辽远，不烈却撩人"③。正是以这种和谐的情感表达方式，沈从文为我们描绘了边城人的牧歌式的和谐人生：

> 风日清和的天气，无人过渡，镇日长闲，祖父同翠翠便坐在门前大岩石上晒太阳。或把一段木头从高处向水中抛去，嗾使身边黄狗自岩石高处跃下，把木头衔回来。或翠翠与黄狗皆张着耳朵，听祖父说些城中多年以前的战争故事。或祖父同翠翠两人，各把小竹做成的竖笛，逗在嘴边吹着迎亲送女的曲子。
>
> 白日渐长，不知什么时节，祖父睡着了，翠翠同黄狗也睡着了。

这真是一个纤尘未染、与世无争、"黄发垂髫并怡然自乐"的洁净世界！这种世界是缘了作者的饱蘸情韵的生花妙笔才得以诞生的。在《边城》中，沈从文用他那挟情裹意的神笔，处处宣泄着如诗如画的情调，从而使作品处处笼罩着似烟似霞、似云似水、似浓似淡、似清晰似朦胧的浪漫诗情。

---

① 余光中：《听听那冷雨》，《百年百篇中国经典美文》，青海人民出版社，2004年，第246页。

② 沈从文：《废邮存底·情绪的体操》，《沈从文文集（第11卷）》，第329页。

③ 凌宇：《沈从文小说的倾向性和艺术特色》，《中国现代文学丛刊》，1980年第3辑，第158页。

　　沈从文曾被称为"文体作家"，他的小说经常变换文体形式，正如他自己所言"文体不拘常例""故事不拘常格"，常常另辟新径。《边城》讲述了边城人的生存境遇和年轻人的爱情纠葛，原本具有很强的故事性，但作者没有把讲故事作为重心，没有编织曲折紧张的故事情节，而是尽量淡化情节，强化情调。作品采用散文笔法，娓娓道来，以浓郁的抒情笔调，描绘边城的世态人情，展示人物的心理世界。这是《边城》和谐艺术形式的第二个体现。

　　沈从文不是金庸，他不以离奇的故事吸引人。他的故事十分简约，在这种简约的框架下，作者用大量的精力写风景的美和人情人性的美，通过这些来感染人、震撼人。但我们不能就此认为沈从文不讲究结构。他是在简约中求丰富，在平静中求激烈。作品的主要故事，是讲天保和傩送兄弟俩同时爱上了翠翠，而翠翠也暗暗地爱上了傩送。作者没有正面地写这种爱的交往与冲突，而主要是通过含蓄的交代和外围的描写让我们感觉到爱的存在与执着。两个人爱上了一个人，必然有矛盾冲突；而这两个人又是兄弟，则问题更加棘手。作者想了一个轻松的解决办法，就是让一个人死掉，而这个死掉的又恰恰是翠翠不喜欢的一个。这样矛盾就解决了，故事就能够有个大团圆的结局。但问题是，这个死者不是一般的人，而是生者的兄弟。他的死又是为了成全弟弟。这样就带给了弟弟的不安，他的结局也只有出走，留给翠翠的便也只有等待。这又推翻了"大团圆"的结局，使作品笼罩了一层悲伤的氛围。从作品中可以看出，作者是希望看到喜剧的结局的，但这个话他又不敢直说，所以，结尾处写道："这个人也许永远不回来了，也许明天回来！"——这一句话非常高明，它又一次把情节推向了高潮，为作品留下了悬念。从以上分析中我们可以看到，讲故事，写纠葛，不是作品的重心，但作者对结构还是做了精心安排的，这种安排使得他的散文笔法取得了"形散而神聚"的效果，进而使得作品具有了文体美的特征，整个作品也取得了轻松而凝重、简约而丰富的效果。

　　沈从文曾说："我文字风格，假若还有值得注意处，那只是因为我记得水上人的言语太多了。"①这种"水上人"的语言，具有柔和、清澈、明净的特点。这一语言个性便是《边城》和谐艺术形式的第三个特征。

沈从文的许多活鲜的语言都来自于湘西民间，形象、生动、朴实、自然，具有浓郁的地方色彩。如，"大佬"、"二佬"，"过路"（路过）、"泡坏"（淹死）、"走脱"（逃跑），"标"（漂亮）、"精怪"（妖怪），等等，这些带着泥土气息的语言，仿佛把我们带到湘西的溪水边、渡船上、碾坊中、茅屋里……

《边城》的主要用意是为了创造一种优美的人生形式与这种人生形式所凝聚的浪漫和谐情调。所以，开头整整用三章近万字的篇幅描写湘西风情，而没有进入情节叙事，使我们充分领略到了边城宁静和谐的环境与淳朴自然的民风。在做了充分的静态描述之后，作品才在整体和谐的文化氛围中，展开了对它的主要情节——美丽得如水晶桃花的爱情故事的叙述。这种美得让人不忍说出的边城生活和爱情故事，显然因为作者质朴清丽、含蓄简约、优美自然的语言而诞生。因此，作品中处处闪动着灵性与浪漫情调的语言便没有任何理由不更让我们珍视和陶醉。让我们来看看这一段文字：

> 翠翠不能忘记祖父所说的事情，梦中灵魂为一种美妙歌声浮起来了，仿佛轻轻地各处飘着，上了白塔，下了菜园，到了船上，又复飞窜过悬崖半腰——去作什么呢？摘虎耳草！白日里拉船时，她仰头望着崖上那些肥大虎耳草已极熟习。悬崖三五丈高，平时攀折不到手，这时节却可以选顶大的叶子作伞。

这里写的是傩送月光下在溪对岸"走马路"给翠翠唱情歌，翠翠迷迷糊糊在床上做了个"顶美顶甜"的梦。作者展开想象的翅膀，把笔深入到人物的心灵深处，运用灵动飘逸、晶莹剔透的语言，为我们描画了一个浪漫迷人的情境，充分展示了翠翠这个情窦初开的少女对美好爱情的向往，表现了她纯洁、美好、浪漫的心灵。

沈从文的语言别具特色，无论是叙述语言的畅达清丽，还是人物语言的生动风趣，都给人以无尽的美的享受。他还极善于以浅浅流动的文字揭示人物微妙繁复的心理。如：

---

① 沈从文:《废邮存底·我的写作与水的关系》,《沈从文文集（第11卷）》, 第325页。

　　她有时仿佛孤独了一点，爱坐在岩石上去，向天空一片云、一颗星凝眸。祖父若问："翠翠，想什么？"她便带点儿害羞情绪，轻轻地说："在看水鸭子打架！"照当地习惯意思就是"翠翠不想什么"。但在心里却同时又自问："翠翠，你真在想什么？"同是自己也在心里答着："我想得很远，很多。可是我不知想些什么。"她的确在想，又的确连自己也不知道在想些什么。

　　这段文字简洁朴素，却逼真地表现了农村少女翠翠单纯、娇憨而又丰富、迷惘的心理特征：刚刚萌发的爱情在她心中躁动，她已隐约感到某种新的东西闯入自己的生活。由于年龄尚小，没有经历过这种感情，当人生的新问题扑面而来时，她不能不想，却又不能够作条理分明的思考，因而心里就有点"乱"。这种"乱"反映到神态上，就是那种下意识的迷惘和莫名其妙的发呆。作者敏锐地抓住人物特定情景下的纤细感情和微妙神态，寥寥几笔，将翠翠此时迷人的情状活灵活现地涂抹到纸上。语言既经济，又高妙。

‖作品来源‖

　　发表于《名作欣赏》2007 年第 3 期。

第三章

奇文共赏·比较阅读

"两极化"创作背后的分野与暗合
——《阿Q正传》与《边城》之比较

黄高锋

导　读

　　《阿Q正传》和《边城》分别是鲁迅和沈从文的经典代表作。通过细读文本可以发现，《阿Q正传》重在"审丑"，凸显出鲁迅对国民性批判的深刻思索；《边城》重在"审美"，凝聚着沈从文对人性美的永恒追求。两部经典之作"两极化"书写的背后，是两位作家思想观、文学观、审美观的差异与分野。

　　"丑"和"美"相对而存在，如果说美是人与客观事物在社会实践中历史地形成的一种肯定性关系的话，它所唤起人们的是一种肯定性审美体验，那么，丑则是一种否定性关系，它唤起人们的则是一种否定性审美体验。审丑和审美实际上是一个问题的两个方面，从广义上来讲，审丑实质上只是审美的一种特殊表现形式而已。著名美学家蒋孔阳认为，"审丑历来都是人们审美活动的一个重要方面，因此，历来的文学艺术都有表现奇丑怪异的杰作。原始艺术和现代主义艺术……充满了以丑为美的审美现象"。[①]审丑，就对象而言，所审的丑，可以是具体的人，可以是具体的自然事物，可以是现象和场景，也可以是抽象的人性恶，甚至是丑恶的社会"浮世绘"。审丑，重在"审"，即创作主体的态度、立场和价值判断。审丑的目的就是通过对"丑"的感知、判断、分析和评价而获得正确的美丑观，从而提高审美水平。"文学审丑的意义在于，人们在作品展示的种种丑陋之中认识了世界的丑陋及人类自身灵魂的丑陋，在否定性的评价中感觉到羞耻、痛苦、恐惧、负罪，并通过认识丑来为丑定罪，引起'对自身的不满'，从而'以

---

　　① 蒋孔阳：《美学新论》，人民文学出版社，1993年。

文化的美学的方式实现对生命冲动的压抑、限制、修正',最终到达美的境界"。[①]作为一种艺术生命体验活动,无论审美,还是审丑,都是作家独特思想追求与审美理想的直接或间接个性表达。

上世纪末,《亚洲周刊》推出了一项影响深广的百年文学经典评选活动,即从 20 世纪全世界范围内用中文写作的小说中遴选出中文小说一百强进行排名。结果耐人寻味:鲁迅以小说集《呐喊》位列排名榜榜首,沈从文的小说《边城》则位居第二。但如果以单篇小说计,《边城》则属第一。今天,我们把两部经典作品放在一块仔细比较,从中可发现一个耐人寻味的现象:两部作品呈现出鲜明的'两极化'创作倾向。一个偏重"审丑",一个偏重"审美"。在这种"审丑"与"审美"经典书写背后,带给我们的是深沉的思索。

一、《阿 Q 正传》:一个"审丑"的未庄世界

《阿 Q 正传》最初连载于《晨报副刊》1921 年 12 月至 1922 年 2 月。小说主要塑造了一个核心主人公阿 Q 形象。除了阿 Q 形象之外,还塑造了赵太爷、举人老爷、假洋鬼子等众多形象,所有的形象共同构成了一幅黯淡的"群丑图"。

阿 Q 是一个从外表形象到内在精神都十分丑陋的形象。外在形象方面,破衣烂衫,旧毡帽,"瘦伶仃",黄辫子,满身虱子,最突出的就是阿 Q 头上的"癞头疮"。长"癞头疮"倒也无可厚非,但阿 Q 却十分敏感忌讳。因为他忌讳说"癞"以及和"赖"相近的读音,后来推而广之,诸如"光""亮",甚至连"灯""烛"等字音都很敏感,很避讳。对于犯讳者,口讷的他便骂,气力小的他便打,到后来变为怒目而视了。面对未庄闲人们的嘲笑,他认为别人还不配,借以寻求心理安慰。《阿 Q 正传》突出表现了他的精神胜利法:不敢正视现实,盲目自大,自轻自贱,欺软怕硬,健忘,忌讳缺点,以丑为荣,自欺自慰,自我陶醉于虚幻的精神胜利之中。小说还表现了阿

---

① 叶继奋:《理性的失落与潘多拉魔盒的倾翻——20 世纪文学审丑现象诠释》,《绍兴文理学院学报》,2000(3).

Q 性格里的诸多复杂因素，他主观、狭隘、思想封建保守，既有农民式的朴质与愚蠢，也不免粘染上些游手好闲之徒的狡猾与无赖。他还受到封建思想的影响，如严守"男女之大防"，排除异端等，他的性格是一个复杂矛盾体。近代中国资本主义势力的不断入侵，封建统治阶级日趋没落，阿 Q 可以说是在半殖民地半封建文化环境中培育出的一个"文化怪胎"。

小说除了批判了阿 Q 的落后、麻木和精神胜利法之外，还揭示了周围"看客"们的灵魂丑陋。同时，小说也塑造了具有"狮子似的凶心，兔子的怯弱，狐狸的狡猾"的赵太爷父子以及地主阶级出身的资产阶级革命投机分子假洋鬼子等众多丑陋形象。小说既鞭挞了赵太爷之流的凶残卑劣，也戳穿了假洋鬼子投机钻营的嘴脸，还谴责了知县大佬爷、把总、"民政帮办"等人的反动本质，揭示了他们人性的阴暗丑陋。

从整体上，《阿 Q 正传》给读者展示了一个生存环境之丑的"未庄世界"。"未庄世界"是一个封闭愚昧的世界，也是一个等级森严的世界。作者在审视故事发生的环境时，着重强化其"丑恶性"，犹如闻一多笔下的一潭"死水"。在这里，"凝滞的时间，封闭的地域，愚昧落后残忍的人物，一起构成了一个庞大的社会思想环境"。[①]"未庄世界"是辛亥革命时期贫困愚昧中国的一个缩影。在这个世界里，充斥着各色人等，有作为上层统治者、剥削者的地主乡绅，有混迹革命队伍的政客、投机者，有帮佣、无业游民，也有尼姑等。辛亥革命除了给未庄带来"大不安"之外，并没有丝毫质的改变，一切照旧。在这片封闭的地域，生活着一群"可恨之兽"和"可怜之虫"，在他们身上，鲁迅深刻洞悉到了国民劣根性。《阿 Q 正传》"审丑"倾向的背后，寄予着鲁迅对于国民性问题的深思忧虑。

二、《边城》：一个"审美"的湘西世界

《边城》于 1934 年初在天津《国闻周报》上连载，同年 10 月由上海文化生活出版社出版单行本，是 20 世纪中国小说史上的又一部经典之作。

---

① 冯光廉等：《中国新文学发展史》，人民文学出版社，1999 年。

小说除了翠翠的形象之外，还塑造了天保、傩送、老船夫、船总顺顺、杨马兵等众多形象。所有的形象共同构成了一个鲜亮美丽的湘西世界。翠翠是爱与美的化身，从小在边城茶峒小镇青山绿水中长大。在大自然的怀抱中，在阳光雨露的沐浴下，作为"自然之子"的翠翠，皮肤黝黑健康，一对眸子清明如水晶，天真无邪、活泼可爱的性格惹人爱怜。她有着一颗美丽善良、至真至纯的心灵，对于爱情充满着期待和幻想，单纯、执着而又痴情。小说结尾面对不可知的渺茫未来，翠翠选择执着地等待，人性美熠熠闪光。除了翠翠的形象之外，其他如纯朴厚道的老船夫，豪爽慷慨的船总顺顺，豁达大度的天保，专情笃情的傩送，热诚质朴的杨马兵……作家笔下的每一个人物身上都闪耀着真善美的高洁品质。《边城》的"审美"，不仅仅表现在人性美，而且还表现在自然美和风俗民情美。幽碧的远山、清澈的溪水、美丽的白塔、翠绿的竹篁，河里连接如织的船只，沿河垂直的吊脚楼等，为读者呈现了一个澄明空灵的世外桃源。对民俗风情美如端午节龙舟竞赛，水中捉鸭子等生动逼真的描写，也引人入胜。

　　湘西世界不是现实中"原生态"的湘西世界，而是一个与都市世界相对照和互补的世界，是一个经过过滤带有理想化色彩的湘西世界，是一个寄寓着沈从文人性美追求的湘西世界。沈从文的湘西世界表现出来的是一种"优美、健康、自然而又不悖乎人性"的生命形态。《边城》里没有等级贵贱、没有剥削压迫、没有虚荣嫉妒、没有贪婪自私，人人都是那么和善、那么自足，豪侠重义、古道热肠，生活犹如一首田园牧歌。"即便是娼妓，也常常较之讲道德知羞耻的城市中绅士还更可信任。"总之，这里"一切莫不极有秩序，人民也莫不安分乐土"，与他笔下异化病态的都市世界大异其趣。

　　沈从文试图要给读者注入的是一种审美精神。他企图用优美的文字建构一个充满了人情人性美的湘西世界，由此唤起人们麻木的感觉，迟钝的想象，异化的精神，"慢慢地陶冶我们、启发我们、改造我们，使我们习惯于向远景凝眸"，重新去感触生活、冥悟生命、憧憬未来。沈从文站在审美现代性立场，通过构筑一个诗意的、感性的、自然的，充满了"梦"与"真"的审美湘西世界，企图对现代性进行修复与救赎，从而实现人性、生命和民族品德的重造，其用心良苦。

三、鲁迅与沈从文创作的分野与暗合

《阿Q正传》和《边城》分别为读者创造出了两个迥异的艺术世界。一个是灰暗丑陋的未庄世界，一个是鲜亮美丽的湘西世界；一个偏重"审丑"，一个偏重"审美"，两个作家的创作呈现出鲜明"两极化"的倾向。"两极化"书写的背后，反映出的是两位作家思想追求、审美理想、艺术个性和创作动机的差异与分野。

鲁迅一生致力于国民性问题的思考，所秉持的是一种启蒙文学观。沈从文是一个自由主义作家，他一生致力于人性探索，所秉持的是一种人性文学观。如果说"启蒙"是我们解读鲁迅的一把钥匙，那么"人性"则是我们解读沈从文的一把钥匙。鲁迅在《我怎么做起小说来》一文中阐发了他的文学动机和目的："说到'为什么'做小说罢，我仍抱着十多年前的'启蒙主义'，以为必须是'为人生'。而且要改良这人生。所以我的取材，多采自病态社会的不幸的人们中，意思是揭出病苦，引起疗救的注意。"①他又在《〈呐喊〉自序》中说："凡是愚弱的国民，即使体格如何健全、如何茁壮，也只能做毫无意义的示众的材料和看客，病死多少是不必以为不幸的。所以我们的第一要著，是在改变他们的精神。"而沈从文则说："我只想造希腊小庙。选山地作基础，用坚硬的石头堆砌它。精致、结实、匀称，形体虽小而不纤巧，是我理想的建筑,这神庙供奉的是'人性'。"②"人性"在沈从文的文学观念里是神圣的。在文学创作上，沈从文丝毫不避讳"人性"立场，旗帜鲜明地打出了"人性"的旗帜，并以人性作为其创作出发点和落脚点，孜孜不倦地执着于人性探索。在他看来，一切优秀伟大的作品，都蕴含有一种表现人性的真切欲望,评价一部作品成功与否,也要以人性作为基本准则。可以说,"人性"是沈从文创作思想的支点，是其美学理想的基石，更是其作品的精髓和

---

① 鲁迅:《我怎么做起小说来》,《鲁迅全集（4）》,人民文学出版社,1981年。
② 沈从文:《沈从文选集（5）》,四川人民出版社,1983年。

灵魂。鲁迅侧重于对国民劣根性不遗余力地批判，对负面、黑暗、丑陋、险恶一面的揭露，而沈从文侧重于对人性真、善、美的追求，对人性素朴、美好、善良、纯真的张扬，并且，鲁迅更注重启蒙的社会意义，反对抽象的"人性论"。这一点在 20 年代与梁实秋等人关于人性论的论争可窥一斑。而沈从文的人性探索，更注重人性的自然意义，所秉持的是一种自然人性观。由此形成了二人启蒙文学观和"人性"文学观的分野。

就具体两部作品而言，鲁迅在谈及创作《阿 Q 正传》的成因时，说他要画出这个"未经革新的古国"的"国民的魂灵"来，在《伪自由书·再谈保留》一文中又指出要"暴露国民的弱点"。沈从文在谈到创作《边城》动机时，则说自己要表现的本是一种"人生的形式"，一种"优美、健康、自然，而又不悖乎人性的人生形式"。由此可见，二者的创作动机并不相同。鲁迅一生都在关注和思考国民性问题，他以笔为刀，冷峻犀利，深刻解剖着中国人的病态灵魂，对民族痼疾给予彻底地暴露和批判。对国民劣根性的批判，鲁迅的着眼点不在国人身上的闪光之处，而专注于其"红肿之处""溃烂之时"，即且不论其"美"，而只论其"丑"，恰如医生之于病人，只论其病变的肌体。[①]鲁迅给我们展示了触目惊心的国民劣根性：精神胜利法、吃人、奴隶性、"瞒与骗"、"中庸之道"、"面子"、守旧、复古、迷信等。《阿 Q 正传》正是国民劣根性的集中展览。刘再复认为，"鲁迅是坚决主张暴露生活中的丑的，并在艺术实践中无情地撕毁丑恶的假面，他也是一个具有深刻的审丑力的对于丑恶的大审判家"。[②]而在沈从文的作品里，对人性美的探索与追求从未间断，一以贯之。人性美作为一种人生理想、价值追求和审美倾向，在沈从文的生命意识里早已根深蒂固。即便是那些描写都市人生的小说，尽管也揭露和鞭挞人性异化和人性恶，但最终指向仍是对于人性美的执着追求和无限憧憬。

文如其人，一个作家的人格、个性和气质必然会或显或隐地浸润到自己的作品里。鲁迅是一个爱憎分明、疾恶如仇的人，所谓"嬉笑怒骂，皆

---

① 朱庆华：《论〈呐喊〉、〈彷徨〉的"审丑"话语》，《河南师范大学学报》，2003（3）。

② 刘再复：《鲁迅美学思想论稿》，中国社会科学出版社，1981 年。

成文章"，"鲁迅具有憎恶、刚烈、韧性、开放等人格特征，这种人格特质决定了他在作品中更多地描绘了丑陋、病态、畸形和低劣这些否定性审美范畴内的东西，对社会生活中各色各样的丑态进行了无情的揭露和批判，形成了鲁迅作品风格内容上鲜明的审丑取向"。[①]而沈从文则是一个纯朴和蔼、谦逊仁慈的人，看似柔弱的外表下，却有着一颗倔强的灵魂。沈从文这种外柔内刚的气质，就如同他笔下充满灵性和智慧的水一样，是一种"水"的气质，又不乏"水"的力量。早年的他见惯了杀人砍头、权力滥用等社会丑象，反而促使他一生不懈致力于追求人性的真善美。

1926年，《晨报》副刊发表了梁实秋的《文学批评辩》一文。梁实秋把"人性"作为文学批评的标准，并认为"人性根本是不变的"。在《文学与革命》《文学是有阶级性的吗？》等文中，提出"伟大的文学乃是基于固定的普遍的人性"。对于梁实秋的人性论调，鲁迅针锋相对，予以反击，他在《"硬译"与"文学的阶级性"》中逐一予以批驳。无独有偶，沈从文也是一个人性论者。鲁迅和沈从文不同的思想追求、审美理想、创作动机和艺术个性，一个注重"审丑"，一个注重"审美"，但是否就意味着二人大相径庭，迥然不同呢？答案是否定的。因为，在沈从文的人性文学观里还包含着更为深广复杂的内涵。在以《边城》为代表的湘西世界作品里，他怀着复杂的感情，试图通过对"这个民族过去伟大与目前堕落处"的不断对比和反省，进而探求"民族道德消失与重造"，带有功利性色彩。作为一个有着高度社会责任感的作家来讲，沈从文旨在探求"中国应当如何重新另造"这样沉重的话题。应该说，这和鲁迅的"国民性改造"思想有暗合之处，只是选取的角度不一样，两人殊途同归。鲁迅着力于国民性批判，是一种"批判式启蒙"；沈从文执着于追求人性美，是一种"歌颂式启蒙"；前者以破为主，破中有立，后者以立为主，立中有破。

‖作品来源‖

发表于《许昌学院学报》2015年第3期。

---

① 陈昕、朱庆华：《论鲁迅人格对其文格的制约》，《兰州学刊》，2005（2）。

从中西悲剧人物看思维方式差异
——以《边城》中的老船夫和《老人与海》中的圣地亚哥为例

谭 苗

导 读

　　思维方式是沟通文化与语言的桥梁，中西方由于不同的地理位置、经济制度、历史文化传统，思维方式体现出许多差异。本文以老船夫和圣地亚哥为研究对象，主要从注重伦理与注重认知、天人合一与天人相分、内向与外向、人性是善与人性是恶这四方面对比了中西思维方式差异。

一、引言

　　中国作家沈从文的小说《边城》和美国作家海明威的小说《老人与海》中都塑造了具有独特的生命内涵和文化内涵的悲剧人物形象：老船夫和圣地亚哥。老船夫是个悲剧人物，他对孙女翠翠倾注了所有的爱，为她的婚事东奔西走，但却总是弄巧成拙，让别人对他产生误会。最终，他带着遗憾在一个暴风雨的夜晚离开了人世。圣地亚哥也是一个悲剧人物，他在连续 84 天都未捕到鱼后决定去深海打鱼，但他在海上几天来的艰苦奋斗换来的只是一具没有价值的马林鱼脊骨，身心俱惫的圣地亚哥明白自己已被彻底打败了。

　　思维方式的差异本质上是文化差异的表现。长久生活在不同区域的人，具有不同的文化特征，因而也形成不同的思维方式[①]。老船夫和圣地亚哥分别是中美两位作者笔下的经典悲剧人物形象，他们身上体现着中西思维方式的诸多差异。

――――――――――

① 连淑能：《英汉对比研究（增订本）》，高等教育出版社，2010 年。

二、老船夫和圣地亚哥的思维方式比较

（一）强调伦理与强调认知

中国人的传统思维方式具有政治伦理型的特征，判断人的标准关注于身份地位、伦理道德；而西方人的思维方式具有科学认知型的特征，判断人的标准注重个人奋斗、人际竞争。这种伦理和认知的差异在老船夫和圣地亚哥身上有很明显的体现。

伦理思想在中国由来已久，它影响着中国人民生活的方方面面。老船夫是受传统文化影响的善良老百姓，他宽厚淳朴、重利轻义、与邻里之间友爱互助、凡事求个心安理得。老船夫数十年如一日地为来往乘客服务，但他从不肯收过渡人给的钱。如果乡亲们喝光了他葫芦里装的酒，他非但没有生气反而更高兴。乡亲们的高兴带给了他莫大的满足感。老船夫去买肉时，如果遇到不肯接他钱的屠夫，他宁可去别家。"你不收钱，他会把钱预先算好，猛地把钱掷到大而长的钱筒里去，攫了肉就走去的。"①老船夫不仅不会占屠夫的便宜，而且他也会及时制止屠夫给他选最好的肉和多加分量的好意。这些生活中的小事无不显示着伦理思维已在老船夫的心里根深蒂固了。

西方的哲学传统主张认识自然、探索自然，最终只为征服自然。圣地亚哥是一位饱经风霜、备尝艰苦的船夫。他那苦涩干瘪、伤痕累累的形象给人印象颇深。但更让人惊讶的是他在海上和马林鱼两天两夜搏斗时所表现出的惊人意志力。在这个过程中，圣地亚哥经历了非一般的饥渴、疼痛、孤独，但这些对他来说都算不上什么。"Any pain does not matter to a man."②在他心里只有一个信念，那就是征服马林鱼。"这是一条大鱼，我一定要征服它。"③圣地亚哥沉着地面对马林鱼一次又一次的反抗，功夫不负有心人，他最终征服了这个强大的对手。大自然的压力激发了圣地亚哥强烈的征服欲望，让他的坚强性格也凸显无疑。

① 沈从文：《边城》，北京燕山出版社，2013年。
② Ernest Hemingway. *The Old Man and the Sea*. New York: Scribner, 1995.
③ 海明威：《老人与海》，赵少伟，董衡巽等译，长江文艺出版社，2008年。

（二）天人合一与天人相分

中国传统哲学主张"天人合一"的天人观，即人要顺应自然，即顺应天意。它强调"天"的至高无上，这种思想会促使人们去信奉天命。而西方"天人相分"的天人观则讲究主客二元分立。这种天人相分的思想教导人们不屈不挠地去征服自然、改造自然①。在人与自然的关系上，《边城》强调的是天人合一，《老人与海》反映的是天人相分。老船夫和圣地亚哥也分别受天人合一和天人相分思想的影响。

受"天人合一"影响的人民很容易产生天命难违的宿命思想。《边城》中老船夫根深蒂固的宿命观主要表现在以下几点：首先，他把管理渡船看成是天意。数十年来，老船夫只是兢兢业业做好本分工作，却从未认真思考过这份工作对于自己的意义。在他看来，管理渡船是天意，这没有什么可以抱怨的。其次，他把女儿和天保的死归于天意。老船夫不曾说过责备女儿的话，"这些事从老船夫说来谁也无罪过，只应'天'去负责"。②天保意外身亡也是天意，"这是天意，一切都是天意"。③最后，老船夫把所有的"不凑巧"和误会都认为是天意。他一直操心着翠翠的婚姻，却总是张冠李戴、弄巧成拙，造成与顺顺家的一系列误会，最终因承受着巨大的心理压力而抑郁而终。从老船夫身上透露出浓厚的宿命感，也正是这种宿命思想让他缺乏与命运抗争的精神，让他的人生以悲剧收场。

相反，"天人相分"的思想能够让西方人平心静气地处理人和自然的关系。圣地亚哥虽尊重生命、爱护鱼类，但他清楚地知道成功捕到马林鱼对他意味着改善生活和挽回尊严。因为靠捕鱼为生的他只有一个家徒四壁的家，长期过着捉襟见肘的生活，他急需捕捉到一条大鱼，才能缓解目前的窘境。最后，他选择了牺牲马林鱼。在与马林鱼搏斗时，圣地亚哥的心情是很复杂的，"鱼呀，我喜欢你，也很尊敬你，但今天天黑之前，我要杀

---

① 周宏：《从〈愚公移山〉与〈老人与海〉对比看中西方文化差异》，《轻工科技》，2013（10）。

②③ 沈从文：《边城》，北京燕山出版社，2013年。

死你。""我真希望能喂这条大鱼，它是我的兄弟，但我得把它杀死。"①84天没捕到鱼的圣地亚哥不被周围人所理解，若能捕到其他船夫都没捕到过的马林鱼，他就可以挽回尊严。从圣地亚哥身上我们可以看到"天人相分"的理念能够让他不慌不忙地处理人与自然的关系，在生存压力的逼迫下，他选择猎杀马林鱼、征服自然以证明自己的尊严和价值。

（三）内向含蓄与外向直率

中国传统思维注重内向自求，认为天理存于人心中，人是善恶有别、尊卑有序的。受此思维方式影响的中国人民内向含蓄，缺乏冒险精神。而西方思维的对象倾向于寻求外部世界对人最有价值的东西，他们外向直率、敢于向外探索。

山城茶峒从根本上来说是一个较为封闭的生活圈子。"在边民们流动的血液里所积淀下来的孤独、寂寞的基因，必然造成边民过于内倾的性格特质。"②在这种环境下生活了一辈子的老船夫求稳好静，他的内心深处对有权有势者有一种本能的尊崇。《边城》中的人物关系有着清晰的等级之分，顺顺和老船夫的地位并不平等。正是这种地位高低不等的观念使老船夫在船总及家人面前毫无自信、局促不安。当顺顺请媒人为自己儿子向他提亲时，老船夫既惊喜又惶恐。他"慌慌张张把这个人渡到溪口"。"老船夫不知如何回答，只是很惊慌地搓着两只结茧的大手，好像这不会真有其事。"③"慌慌张张""惊慌"等词把老船夫内心矛盾的心情表现得淋漓尽致。老船夫得知大佬死后，他心里有点心虚，不敢坦然面对顺顺。见到顺顺时也只是"怯怯地溜了一眼"。当傩送对他的笑脸相迎不予理睬时，老船夫也只敢在背后发泄不满。"老船夫于是在两个人身后，捏紧拳头威吓了三下。"④无论是面部表情、心理活动还是言辞，都能表明在老船夫的意识深处，自己和顺顺他们隔着一条鸿沟，地位尊卑有序。而老船夫的这种自卑意识

---

① 海明威：《老人与海》，赵少伟，董衡巽等译，长江文艺出版社，2008年。
② 周纪焕：《沈从文〈边城〉悲剧成因新探》，《河北科技大学学报（社会科学版）》，2005（12）。
③④ 沈从文：《边城》，北京燕山出版社，2013年。

使他丧失了很多跟顺顺和二佬表达自己意见的机会，这也是造就他悲剧命运的另一个重要原因。

而《老人与海》是以海洋为人物活动的背景。生活在海边的圣地亚哥是一个很自信的老头，他曾因掰腕子赢了一个身体很棒的黑人大汉被工友称作"冠军"，"他拿稳只要他真的想胜，不管是谁他都能打败"。在与马林鱼周旋时，他丝毫没有因为它庞大的体型而胆怯，"不过我要叫它送命，甭管它多雄壮多气派"。当鲨鱼袭击时，他很自信地挥动手中的仅有的武器直击它们的要害。圣地亚哥是一个具有冒险精神的渔夫，周围的渔夫都不愿跑老远去打鱼，圣地亚哥则喜欢过有挑战的生活，毫不畏惧那些未知的凶险。圣地亚哥是一个不轻言放弃的人，他连续 84 天捕鱼都空手而归，他没有就此放弃而是选择了继续出海，因为他明白，如果就此放弃，那么他生活的意义就不复存在了。老人孤身一人在海上与马林鱼周旋、同成群的鲨鱼搏斗。在与它们的战斗中，他都完全可以放弃马林鱼，但他没有向困难低头。在他的心中"人可不是造出来要给打垮的，可以消灭一个人，就是打不垮他"。[①] 圣地亚哥的坚强、自信和面对不可逆转的命运时的毫不畏缩是《边城》中的老船夫所缺乏的，也正是两者的区别所在，圣地亚哥虽败犹荣，老船夫却在一个雷雨交加的夜晚死去了。

（四）人性是善与人性是恶

中国文化以人为根本的研究对象，主张人本善；而西方文化强调的是以神为本，认为人生来就有罪，灵魂需要被救赎。沈从文笔下的老船夫是真善美的化身，而海明威笔下的圣地亚哥的原形就是拯救世人的耶稣。

沈从文笔下的茶峒是一个充满着人性美的世外桃源。他通过描写翠翠与傩送的爱情、天保与傩送的兄弟之情、老船夫对家人的无悔付出、老船夫对工作的尽忠尽职以及边城人之间的互爱互助来展现边城人身上闪闪发光的人性美。沈从文大力赞美湘西人至善的人格与《边城》的创作背景息息相关：沈从文在《边城》写作期间回湘西探望病重的母亲，他发现家乡

---

① 海明威:《老人与海》，赵少伟，董衡巽等译，长江文艺出版社，2008 年。

人民身上的淳朴、正直已消失殆尽。他在内心里深深怀念着曾经那份朴素人情，他想通过自己的文学作品讴歌边城老百姓身上传统的优秀美德和高尚的情操，唤醒人们对真善美的追求。沈从文想要在《边城》中表达"一种'优美、健康、自然'而又不悖于人性的人生形式"[①]。所以，呈现在读者面前的老船夫和蔼可亲、淳朴善良、重义轻利、乐于助人。

海明威在《老人与海》中描写了许多类似《圣经》中的人和物，其中圣地亚哥的原型就是为了救赎人类而愿意牺牲自己的耶稣。西方文化强调人生来都有罪，而耶稣的使命就是拯救世人脱离罪恶的束缚。圣地亚哥的使命与之有着异曲同工之妙：他承担着拯救自己和处于相同危机中的人的命运。在圣地亚哥所在的那个小镇上，年轻一代渔民开始运用新技术捕鱼，这不仅导致使用传统捕鱼方法的渔民在近海几乎捕不到鱼，也让人类与大海的关系陷入了危机。面对这样的情况，圣地亚哥像耶稣一样选择独自面对挑战，他独自驾着小船往大海深处走去。耶稣被钉了两次十字架，圣地亚哥也先后经历了与马林鱼、鲨鱼的殊死搏斗。最后老人拖回的马林鱼骨架意寓着新希望，他如复活的耶稣一样，把希望带回来并传承给了后人。

三、结语

《边城》和《老人与海》出自不同的文化背景，体现着东西方民族不同的民族特征。通过对比分析老船夫和圣地亚哥这两个人物形象，我们可以看到中西思维方式的诸多差异。对比分析老船夫和圣地亚哥所反映的思维方式，有助于我们更好地理解两部小说。当然，除了老船夫和圣地亚哥向我们展示的思维方式差异外，其他差异也应该得到重视，以便中西方人民相互理解，促进中西方文化交流。

‖作品来源‖

发表于《怀化学院学报》2015年第4期。

---

① 沈从文：《从文自传》，人民文学出版社，1997年，第121页。

人性美的悲剧——《巴黎圣母院》和《边城》比较

金 晶

导 读

　　《巴黎圣母院》和《边城》分别是雨果和沈从文笔下展现人性美的经典之作。然而正是这种看似美的人性，却导致了悲剧性的结局。本文着重从中西方文化起源的地域差异、时代背景以及作者接受的不同文化背景进行分析探究。

　　《巴黎圣母院》和《边城》这两部作品采用了不同的形式，对人性美进行了颂扬，曾被誉为"人性美的力作"。但是，这两部作品都是以悲剧形式结尾。是什么原因造成悲剧的呢？是封建统治的残暴？是宗教社会的黑暗？还是作品中宣扬的这种人性美本身存在的缺陷呢？笔者认为，这跟作者宣扬的人性观念有着重要的关系。因此，笔者从中西方文化起源的地域差异、时代背景以及作者接受的不同文化背景对此进行分析探究。

一、地域环境因素

　　中国和西方由于地理位置的差异、环境的不同，两个地区的民族有着不同的生活，也就产生了不同的民族精神，形成对人性的不同追求。西方文化起源于古希腊，古希腊位于欧洲南部、地中海东北部，包括今天的巴尔干半岛南部、小亚细亚西岸和爱琴海中的许多岛屿。特定的地理条件，使古希腊人难以在田地里依靠农耕方式谋生，而是依靠在海上经商、当海盗或到海外去开辟殖民地来求得生存。他们各族彼此冲突、互相侵犯，由此产生了民族的迁徙和流浪。这种生存环境和生活方式造就了古希腊人自由奔放、富于想象力、充满原始情欲、崇尚智慧和力量的民族个性，也培育了古希腊人乞求现世生命价值，注重个人地位和个人尊严的文化价值观念。所以，在《巴黎圣母院》里，无论是爱斯梅拉达还是克洛德，或是费比斯，他们都充满了这种极强的个体本位意识。在这种单一追求个性的同时，也使他们走向了无底的深渊。爱斯梅拉达就是典型例子，她天性热情奔放，敢爱敢恨，对费比斯一见钟情后，不顾一切地去爱他。即使知道他并不爱她后，也甘愿当他的情妇，最终走上绝路。

与希腊人不同，中华民族进入夏代以后，分散的人群逐渐凝聚为强大的群体，并相对集中于黄河流域，加速了由游猎到渔耕，再到定居农耕的发展过程。因此，中国古代一直属于一种封闭的大陆型农业文化形态。它地处温带，土壤肥沃，雨水丰富，为人们的生存提供了优越的自然条件，身居其中的人与大自然天生便有亲近之感。在此土壤中孕育出的中国哲学从一开始就强调人与自然之间的和谐统一，儒家对人性认识的基础是"天人合一""顺乎天而应乎人"。由此我们就不难理解，沈从文面对当时破败不堪的中国社会，心中更是充满了对自然社会的向往，认为只有像边城这样的小城里才有理想的人性。整部作品着重描写人与自然的和谐。在这种自然环境中，人们面对自然资源的贫瘠、环境的恶劣，没有一丝不满，反而自得其乐，安静地生活着。正是由于这种迟缓的生活节奏、一成不变的生活方式，孕育了普遍贫困的人性形态。缺乏主动性、创造性、独立性的边城，最终成了悲剧发生的地方。

二、时代背景因素

作品都是源于现实又高于现实的艺术真实。因此，作家生活的时代以及社会背景理所当然成为作品的源泉。透过这一源泉，我们可以更清楚地看到作家的写作目的和作品的深层意蕴。

雨果生活的年代，正是法国革命风起云涌的年代，1830年的"七月革命"震撼了法国与欧洲，也震撼了作者的心灵。雨果目睹了人民群众的巨大力量和貌似强大、色厉内荏的封建统治者的不堪一击。在《巴黎圣母院》中，他借古讽今，用中世纪题材对封建专制和天主教会进行再批判，实际上是对 1815—1830 年的波旁复辟王朝反动统治的一次清算。他启发人们去进一步认清封建专制主义的残暴，鼓舞人们去和封建复辟势力进行斗争。在作品中作者满怀深情地描绘了"奇迹王朝"的平民、乞丐、流浪者们互助互爱，团结一致向封建王朝、天主教会发起挑战，并为攻打巴黎圣母院前仆后继的场景。作者在作品中还塑造了一个封建、宗教统治下的具有代表性的牺牲品——克洛德。长期禁欲生活的压抑，强化了他对异性的好奇，迫不及待的占有欲使他不择手段、丧失理智，在追求不能实现的时候，便以绝望的、恶毒的心理实施了对所爱的人的迫害。天使变成撒旦，人性的觉醒变成了人性的毁灭，最终酿成悲剧。

沈从文与雨果相差一个世纪之久，但其生活的时代背景却有着许多相似之处。沈从文出生于 1902 年，正值中国社会动荡不安的年代。在湘川黔边境辗转求生的年轻时代，他当过卫兵、班长、司书、书记等，亲眼看到了湘兵的勇猛，也感受到嗜杀者的残酷。这些鲜血与阴暗促使他在后来的文学创作中形成了追求真善美的艺术品格。因此在《边城》里，作者塑造了一个极度净化的世界。在这里没有人与人之间的冷漠以及争权夺利，或为爱情不择手段，有的只是顺理成章的接受，人与人的相互关爱以及与大自然的融合。这不是作者看不到人性中的缺陷，而是作者对社会现状唱出的一曲人性挽歌。他企盼通过民族品德的重塑，探索中国未来的走向。然而，这仅仅是理想而已。

三、文学背景因素

雨果深受启蒙文学的影响，《巴黎圣母院》中所追求的自然人性的复归更是受启蒙文学中"自然理性"思想的影响。启蒙文学者们弘扬人的价值和个性尊严，宣传以自由、平等、博爱为核心的人道主义。这种"回归自然"的思想以卢梭最为旗帜鲜明。他说："人性的首要法则是要维护自身的生存，人性的首要关怀是对于其自身应有的关怀。"在这些思想的影响下，雨果谴责和批判基督教，反对其教导人们克制感情欲望，反对滥用理性来支配一切，所以才有爱斯梅达充分展示她对爱的主动性，只凭感觉去爱虚伪的费比斯。这个人性美的化身注定最终走向灭亡。

与雨果不同的是，沈从文所接受的是儒家"天人合一"思想。这种传统的思想认为，人对天要敬和顺，应该顺天道而行，达到人与道的合一，强调人人向自然屈服。这种对大自然的完全顺从，正是人性主体性丧失的根本之所在。因此，《边城》中翠翠爱情悲剧最主要的原因，不是虎视眈眈的碾坊，不是几千年来的封建宗法关系，不是已露头绪的功利化的价值取向，不是善意的误会和并非善意的传言，也不是外在客观因素造成的不可抗的天灾，而是由主人公主体性的缺乏造成的。翠翠自始至终从没有什么能表现她主体性的行为。直到小说结尾，她还在等着，尽管那是个"也许永远不回来了"的人。因此，正是这种看似优美，实则单一、片面、丧失主体性的人性导致了这场悲剧。正如刘永泰所说："主体性是人性王冠上最夺目的明珠，是人性展馆里最辉煌的展位。明珠不亮，展位空荡荡，能说这样的人性是优美健全的吗？"

综上所述，《巴黎圣母院》与《边城》两部作品都着力表现自然的人性，这种自然性的人性也是人自然本性的真实流露。但是我们不能因此而认定这种自然人性就是人性美的全部定义。我们必须看到，正是这种单纯的人性美导致了故事悲剧性的结局。对于历史所留下的遗憾，我们再次提出马克思主义对人性的看法——人性是自然性、社会性和实践性的有机统一体。只有这三者相互和谐统一，才能构成真正的人性美。这才是抛弃掉西方单一强调个性和中国传统的主体性缺失之后的辩证的人性观。但愿两部小说中的悲剧不会在现实中重演。

‖作品来源‖

发表于《新课程学习（中）》2011年第1期。

深情的眷恋与艰难的抉择
——《边城》与《哦，香雪》之比较

杨现钦

导　读

　　《边城》和《哦，香雪》是新文学史上极具历史文化意识的乡土文学作品。尽管它们有着较大的差异，但是由于两位作家坚守着诗意化的美学理想，使得他们对其笔下的乡土中国的某些区域一方面深情地眷恋和咏唱，歌唱闭塞、贫瘠、落后的环境中的诗意，尤其是洋溢在其中的人性美和人情美，另一方面又对乡土人生进行了理性的批判，呈现出二重矛盾心态。

　　新文学史上许多作家都把目光投向浓缩着民族传统文明的乡村，创作出一大批极具历史文化意识的乡土文学作品。在这些作家作品中，沈从文的《边城》和铁凝的《哦，香雪》是颇具特色的两部。像一条明亮欢快的小溪的《哦，香雪》与作为"千古不磨的珠玉"的《边城》相比，尽管两篇作品在丰厚程度尤其是两位作家在作品中体现的价值取向等方面还存在着较大的差异，但在某些方面却有着某种"契合"，值得关注和研究。

一

　　在现代文学史上，沈从文是有意识地与主流文学保持距离的作家。在20世纪20至40年代这个时间段中，中国在政治、经济、文化等方面处于最为混乱的时期。反映风起云涌、复杂变幻的时代与社会成为作家们的必然选择时，沈从文却独居一隅，坚信："文学运动的意义，是要用作品燃烧起这个民族更年轻一辈的情感，增加他在忧患中的抵抗力。"①用文字"重造民族经典"。与同时期的许多作家相比，自称"乡下人"的沈从文更像新文学中的一个"边缘人"，他选择的也就是"边城"。他是以一种文化怀乡的悲悯情怀描绘湘西偏僻山村未经雕琢的自然山水、日常生活场景与民风民俗，以及一些面貌、风情、性格与行为方式让人倍感诧异的边地人物。在私人通信中，他不止一次地表达对自己几乎是独自一人拥有关于河、街、水手及边地生活知识的巨大喜悦，他相当自豪地说："一个中国人对他们发生特别兴味，我以为我可以算第一位！……我多爱他们，五四以来用他们作对象我还是唯一的一人。"②于是就有了反映湘西世界的经典作品——《边城》。"边城"就成为新文学史上的"唯一"。当时光的流程继续推进了半个世纪之后，年轻的女作家铁凝出现了。"我愿意用自己的眼睛去发现海滩上、礁石缝中那些小小的贝壳，去发现掩藏在大山皱褶里的那些小树、小草。"她似乎极少去直接反映社会政治事件和重大的社会历史题材，而是以一种审美的少女的眼光和艺术表现上"有意味的形式"传达出对现实生活的诗意的关注和体贴。这便是《哦，香雪》。作品的题材并不重大，事件也不惊人，人物更普通，却给当时的文坛带来了一种崭新的审美视角。作品展示出人们心灵变化中所包含的社会生活的深刻变化，因而赢得了一片喝彩和赞美。时至今日，人们对这部作品还是给予了很高的评价。她坚持"用自己的眼睛看世界"③，用自己的心灵写作，不趋势、不赶潮，虽不在"潮"中却不落伍，作品总是让人深深感动。

在创作原则上，他们都坚守着独特的美学理想，呈现出一种宁静、恬淡、优美、超脱的风格。而这种"叛逆"和"契合"正是我们关注的起点，而恰恰就是这种"叛逆"和"契合"成就了两部优秀的作品。

① 沈从文:《续废邮存底·给一个军人》,《沈从文文集（第11卷）》,花城出版社,1984年,第353页。
② 沈从文:《湘行书简,1934年1月14日致张兆和信》,凌宇:《沈从文散文全编（上编）》,浙江文艺出版社,1994年,第226页。
③ 陈映实:《铁凝及其小说艺术》,河北人民出版社,1990年,第54页。

二

湘西历史上属于苗、汉、土家族等多民族杂居的封闭山区。这里山高水急、地苦雾多、远山积翠、悬崖壁立、古洞深幽、溪流霞染、飞禽成趣、走兽奔突、临水建楼、村落雾笼，各成格局，再加上吊脚小楼、龙舟竞渡、宗族械斗、苗巫神场等湘西特有的世态人情、荆楚遗风，不一而足，但在沈从文笔下却被艺术化、理想化和心灵化了，使之成为沈从文展示生命理想的客观环境。《边城》展示了一种诗意栖居美——自然的秀美、人文的朴美、生活的纯净美、天人的和谐美、精神的真善美。青山绿水是大背景，野渡舟横、竹篁吟箫是点缀。在这个"触目为青山绿水"的世界中，绿色是主色，它象征着生命活力、青春健康、自然纯朴。在这里，《边城》的故事发生了：这是个没有时间流过的故事／在那个与世隔绝的村子／翠翠和她爷爷为人渡船过日／十几年来一向如此／有天女孩碰到一个城里的男子／两人交换了生命的约誓／男子离去时依依不舍地凝视／翠翠说等他一辈子／等过第一个秋／等过第二个秋／等到黄叶滑落／等等。这是一个平和单纯的故事。作者在这里虚构了一个"桃花源式"的颇具写意韵味的氛围。作者似乎也无意讲故事，而是在倾心描绘优美、健康、自然的人生形式，没有针线绵密地编织起伏跌宕的情节，而是手握彩笔精心绘制淳朴优美的人生图景。就像有些论者所说的，作品成了"东方风习的化石"。

铁凝是华北大地的优秀儿女，她以自己的朴实和真挚展示华北这块沃土的洁净和纯美。《哦，香雪》中的环境，是大山皱褶里的小山村，有绵延不断的大山，纤细、闪亮的铁轨，金铃铛般作响的核桃树，还有幽暗的隧道，皎洁的月光，歌唱的小溪，等等。显然，这是一片还没有完全被现代文明浸染的或者说带有原始蛮荒特点的土地。这里的乡亲们匍匐在大自然的淫威之下，"默默地接受着大山任意给予的温存和粗暴"。"从前台儿沟人历来是吃过晚饭就钻进被窝，他们仿佛是在同一时刻听到了大山无声的命令。"环境的闭塞、贫瘠可以想见。火车之所以在这儿停留一分钟，是因为它无法忍心高速前进、风驰电掣地掠过这儿。年轻的作者将饱满的诗情倾注于这个小山村。这里的一山一水、一草一木无不被作家赋予了艺术生命而存在。一片风景，就是一种心情，在绘景中见情。作者以浓郁的抒情意味和轻灵明快的笔调，勾勒出一幅浓墨淡抹的写意画，充满欢欣喜悦的气氛。正是在这样的环境中，小而平凡的故事展开了。铁凝自己是这样叙述《哦，香雪》的故事的：这是一个关于女孩子和火车的故事。写一群从未出过大山的女孩子，每天晚上是怎样像等待情人似的等待在她们村口只停留一分钟的一列火车。①在充满期望的等待中，主人公香雪用鸡蛋换取铅笔盒。一个小小的情节，在独特的、新颖的诗一般的意境中展开，香雪的也是铁凝的清明高远、晶莹剔透的天真和善良令人感动。

如上所述，尽管沈从文笔下的湘西和铁凝笔下的台儿沟相去甚远，但在环境的闭塞、贫瘠、落后而又充满诗意方面，两篇作品还是具有某种"契合"性的，尤其是洋溢在作品中的人性美和人情美。

《边城》中的翠翠生长于青山绿水的湘西，《哦，香雪》中的香雪，生长于封闭的晋冀山区的"台儿沟"，虽南北相隔几千里，但大自然的灵秀与精华公平地滋养哺育她们，使得她们天生丽质、清新秀美。翠翠皮肤黑黑的，一双眸子清亮如水晶。为人天真活泼，处处俨然如一只小兽物。香雪则出落得冰清玉洁，"她那么信任地瞧着你，那洁如水晶的眼睛告诉你，站在车窗外的这个女孩子还不知道什么叫受骗。她还不知道怎么讲价钱，只说'你看着给吧'。你望着她那洁净得仿佛一分钟前才诞生的面孔，望着她那柔软得宛若红缎子似的嘴唇，心中会升起一种美好的感情"。这是两个美丽的精灵，这是两个自然之子。她们不仅形象美丽、心灵纯净，而且在作家们的笔下，这种形象美与心灵美是和谐统一起来的，集中体现了人性美和人情美。

"翠翠仿佛生活在历史、政治、文化、知识、学问之外。""翠翠的成

---

① 赵艳：《文学·梦想·社会责任——铁凝自述》，於可训：《小说家档案》，郑州大学出版社，2005年，第19页。

长是生命的自然成长。"①湘西淳厚的风土人情和青山、碧水、清风、丽日哺育和陶冶了她，使之拥有了水晶般清澈透明的性格。翠翠身上凝聚着爷爷所代表的湘西人民勤劳、宽厚、重义、轻利等优秀品质。与傩送的爱情，更显示了她身上的可贵之处。翠翠情感觉醒过程及其后的心理、行为、举措，生动地展示出少女天真、纯洁、微妙的内心世界，具有无限的韵味。翠翠对傩送的感情纯真自然，不受任何世俗观念的污染，是生命中最本真、最常态、最原始的心灵体验。她的一切思想、情感、观念都处于一种具有自然特质和灵性的状态中。"在翠翠身上，作者淡化了社会现实的黑暗与痛苦，着意表现一种理想化的古朴、淳厚的人性美和人情美。"②

在《哦，香雪》中，我们可以清楚地感觉到，自然风情和淳朴民风对17岁的香雪的哺育和影响。在做生意的过程中，和伙伴们比，她胆小寡言，也不会讲价钱，只会说"你看着给吧"；在学校里，她每次都是认真地回答同学们不怀好意的"问题"；为拥有文具盒而编造善意的谎言；在火车上，得知"北京话"结婚的消息时"替凤娇委屈，替台儿沟委屈"的情感；月夜赶路时一连串的欢快畅想等，无一不表现着纯朴淳厚的人性美和人情美。那句胆怯而不无羞涩的话"你看着给吧"，托出了香雪对世界的无限信任，也托出了作者胸中的整个光明世界。读者从这个平凡的故事里，不仅看到古老山村的姑娘们质朴纯真的美好心灵，还能看到她们对新生活强烈真挚的向往和追求，以及为了这种追求，不顾一切所付出的代价。③香雪的觉醒之歌本身就是一首人性美和人情美的赞歌。

香雪如翠翠一样，都是没有被现代文明浸染的带有原始生命体验的女性，虽然处于不同的时代，但同样体现了山川乡野间的人性美和人情美。不同的只是二人的精神追求和向往：翠翠渴望美好的爱情，而香雪则渴求那个象征着文明与知识的文具盒。有意思的是，在两部作品中，人物的爱情、理想都是与月光联系在一起。这无疑是作家们对爱和美诗意化的体现。

---

① 蓝棣之:《边缘颠覆中心——沈从文〈边城〉症候式分析》,《名作欣赏》, 1999（3）, 第51—58页。

② 单海波，崔玉军:《边城》,《语文教学通讯》, 2001（24）, 第15—17页。

③ 沈从文:《习作选集代序》,《沈从文选集（第5卷）》, 四川人民出版社, 1983年。

三

沈从文以其天才的独创性和敏感细腻的感受力描绘了《边城》这样一个"生命绿岛",再现久远蛮荒角落里和谐宁静的自然人生。但沈从文也清楚,现实毕竟是现实,现代文明势不可挡,湘西这个美丽的梦想是一个早已被打碎的精美瓷器,无论怎样修复也无法复原。他看到了湘西世界那些可贵的文化价值正在变形和消亡,而且洞见出极具文化和审美价值的湘西也必须加以改造和重建。所以他说:"这世界上或有想在沙基或水面上建造崇楼杰阁的人,那不是我。我只想造希腊小庙,这种小庙供奉的是人性。""我很愿意尽一份时间来把世界上的人改造一下看看。"①《边城》的结尾是意味深长的。那个暴风骤雨之夜,大自然以狰狞的面目毁掉了这里的恬静和谐,也毁掉了这个世界原有的正直、热情、纯朴的古风流韵。尤其是代表着此地风水的白塔的倾圮,宣告了那个包孕着"善"与"美"的湘西世界的彻底终结。它揭示的是,乡村的自然经济、自然人性在现代文明的侵蚀下,正逐渐失去生存的土壤,湘西的社会生活正在变形、变质。在湘西所代表的农业文明的沦丧中,那些"善"与"美"也随之消失殆尽。"人性"在现代文明的强力挤压下"失去了原来的质朴,勤俭,和平,正直的型范"②。现代文明对农业文明以猛烈的冲击、震荡、解构。湘西这所"生命孤岛"正面临着逐渐陆沉的危机,它已经出现了情感瓦解、道德崩溃等社会问题。作者的这种自觉在《湘西》《湘西散记》《丈夫》《七个野人和最后一个迎春节》《长河》等作品中都有所表现。作者所能做的只是让读者从一个乡下人的作品中,发现一种燃烧的感情,对于人类智慧与美的永远的倾心,康健诚实的赞颂,以及对于愚蠢自私极端憎恶的感情。这种感情居然能刺激人们,引起人们对人生的憧憬,对当前一切腐烂现实的怀疑。在对湘西"过去的伟大处"和"目前的堕落处"

---

① 沈从文:《习作选集代序》,《沈从文选集(第5卷)》,四川人民出版社,1983年,第228页。
② 沈从文:《〈边城〉题记》,《沈从文小说选(下)》,人民文学出版社,2002年,第384页。

的爱恶描写中，透露出作者深深的隐忧。这说明他对他钟爱的那个湘西社会即将灭亡有清醒的悲愤。在他去乡 18 年后的探亲归途中，他的感受就很能说明问题："一入辰河流域，什么都不同了。表面上看来，事事物物自然都有了极大进步，试仔细注意注意，便见出在变化中堕落趋势。最明显的是，即农村社会所保有那点正直朴素人情美，几乎快要消失无余，代替而来的却是近 20 年实际社会培养成功的一种惟实惟利的庸俗人生观。敬鬼神畏天命的迷信固然已经被常识所摧毁，然而做人时的义利取舍是非辨别也随同泯灭了。"①

《哦，香雪》所描写的是带有一定程度的封闭式的、穷乡僻壤的自然风光，作者以清秀、淡雅为主色调，勾勒出的一幅幅牧歌式的淡美图景，呈现在读者面前的是一片轻灵、明丽和欣悦，但是它同样蕴涵着浓郁的悲剧意识。偏僻、贫困、落后、眼界狭小，这本身就是不幸的，尽管香雪、凤娇们向往山外的世界，渴望知识，但她们身处偏僻与落后而不自知，这才是更大的悲剧。尤其是作家以乐境写悲哀则更显悲哀。到了作品的最后，香雪被火车带到了下一站而连夜往回赶，与迎接她的姑娘们"奔放"着、"热烈"着、"欢笑"着、"呐喊"着，其中不也蕴涵着深深的悲哀与隐忧吗？这呼啸而来的列车给这个宁静、清新而又偏远、贫弱的小山村带来了山外的陌生、新鲜的气息，打破了世代沉寂的渴望与追求，带来了姑娘们的慌乱与欢腾，以及带来了偏远的山民，特别是姑娘们主体性的苏醒。作品在"哦，香雪！香雪！"的欢呼声中结束，我们的思索和探询却从此开始：那个同样是作为现代文明象征的火车不可阻挡地呼啸而来，它将给这个小山村带来什么？铁凝说："火车不由分说地带来了洋溢着工业文明气味的物质气息，还带来了什么呢？ 20 年之后，香雪的苟各庄已是河北省著名的旅游风景区野三坡的一部分了……就有了坑骗游客的事情，就有了出售伪劣商品的事情，也有个别的女性，因了懒和虚荣，自愿或不自愿地出卖自己的身体……也许我们就会发现火车它其实也是一种暴力。雄壮的火车面对封闭的山谷是有产生暴力的资格的，它是一

---

① 沈从文:《〈长河〉题记》,《沈从文小说选（下）》,人民文学出版社,2002 年,第 338 页。

种强制的不由分说的力量。"①

当年沈从文的隐忧在铁凝生活的时代也变成了现实。"爱"与"美"的故事宣告结束,"诗"与"牧歌"的意境完全消散。"贫穷和闭塞的生活里可以诞生纯净的善意,可是贫穷和闭塞并不是文明的代名词。"②一方面是对乡村情感上深深的眷恋,另一方面是对乡村乡土人生的理性批判,沈从文和铁凝通过他们的作品表达了面对乡土人生时艰难抉择的二重矛盾心态。其实这也几乎是每一个写过乡土小说的作家都不可逃避的情感矛盾。正是这种二重矛盾心态,使得乡土小说往往散发出感人的艺术魅力。因为它不仅体现了文明与自然的矛盾,历史进步与人的发展这一人类文明史的永恒课题,而且更以少数民族的悲惨命运昭示着独特的文化价值。所以"当我们渴望精神发展的速度和心灵成长的速度能够跟上科学发明的速度,有时候我们必须有放慢脚步回望从前的勇气,有屏住呼吸回望心灵的能力。我想,即使有一天磁悬浮列车也变为我们生活的背影,香雪们身上散发出来的人间温暖和积极的美德,依然会是我们的梦"。③

‖作品来源‖

发表于《信阳师范学院学报(哲学社会科学版)》2006年第4期。

---

① 赵艳:《文学·梦想·社会责任——铁凝自述》,於可训:《小说家档案》,郑州大学出版社,2005年,第19—20页。
②③ 同上,第20页。

相逆的审美取向和相似的审美理想
——《边城》和《红高粱》的比较研究

王　筠

导　读

《边城》和《红高粱》的审美取向是相逆的。《边城》是向往和谐、幽静、诚信；而《红高粱》却呼唤"野性"，向往敢爱敢恨。如果联系创作的时代背景，便会发现两位作家的审美价值、审美理想却惊人的相似。他们都希望中国民众有健全健康的性格，那便是既讲和谐、诚信，又不当奴才、反对奴性。今天，这种民族性格正在形成。

有两位现当代作家的代表作品，其审美取向完全相反，一为对丑恶、残酷的现实生活极为厌恶，便在作品中营造了一个充满温馨、和谐、谦让的世界；一为对社会的奴性意识极为反感，便在作品中描写了一个有"种"、充满野性和反抗性的世界。这便是沈从文的《边城》和莫言的《红高粱》。这两部作品的审美取向相逆，但其审美理想却是相似的。这种文学创作现象非常特别，也极为有趣。研究这种创作现象，有助于解释中国文学和中国社会的本质规律，其意义是巨大的。

湘西才子沈从文1934年创作了《边城》。小说描写的地方是湖南、四川、贵州三省交界处的茶峒，这里风景优美，人性纯朴，几乎是一个世外桃源。在美丽如画的白塔下，有两个相依为命的摆渡人：外公和她的外孙女。此外，还有一条忠于主人的黄狗。外公年纪近于古稀，但身体硬朗、性格豪爽；外孙女翠翠青春年华、善良纯朴。他们租用别人的船只，以摆渡为生，日出而作，日落而罢。他们对人友善，乐于助人，肯于吃"亏"。这里的人际关系是淳朴和谐，没有芥蒂的。在遇到"灾难"时，更能表现出他们善良的本性。小说描写翠翠在一次看赛龙舟时和外公失散，是船总的小儿子绰号"岳云"的、在划船比赛夺得冠军的傩送，把她送了回家。他的风度和义举，赢得了翠翠的芳心。但令翠翠尴尬的是，傩送的哥哥天保也为翠翠的美丽善良所动，他虔诚地托人为己说媒。傩送飘逸俊俏，远近闻名，王团总愿意把价值不菲的碾坊作为嫁资把女儿嫁给他。傩送不是贪财之人，他不为所动。兄弟二人相约以唱歌的方式让翠翠决定意中人。天保为了成全弟弟，遂驾船远走他乡，但不幸在闯滩时遇难。傩送得知哥哥的死讯后悲痛万分，也驾船出走了。外公看到事情如此复杂多变，更加为外孙女的婚事担忧，在一个风雨交加的夜晚，溘然长逝了。翠翠守着渡船，深情但又毫无希望地在等待中度日。作品至此戛然而止，给人留下无限的惆怅和悬念。

在作者的笔下，茶峒几乎是一个美丽的世外桃源，生活在这里的所有的人都是善良的、与人为善的。大自然的钟灵毓秀集于翠翠一身，她明晶似的眸子、健美的体格、善良的天性，如同天仙般地生活在青山绿水间。她的外表之美，使人注目深情；她的内心之美，令大众为之倾倒。她的外公也好像是大自然的化身，青山铸成的老人，为人厚道朴实。两个爱她的兄弟，一个貌若潘安，一个善如羔羊，一切为别人着想。像爱情这样天生带有排他性的事情，天保竟以远逃他乡的方式让位与弟弟，在一些自私之徒眼里，这简直是匪夷所思。弟弟傩送也因哥哥之逝而"看破尘世"驾舟出走。作品中其余的人也都是善良朴实之良民，大家好像生活在一个友善、团结、互助、温暖的大家庭之中。这里的人性之美和大自然之美合二为一，人性人情之美和大自然清秀俊逸之美互相映衬，相得益彰，十分和谐。所有这一切，都说明沈从文的审美取向是向善、向柔、向和。这种审美取向是由他本人的经历、体验以及理想所决定的。

沈从文是一个从乡下到城市的作家，他的幼年是在动乱穷困中度过的。他长大之后，当过卫兵、班长、书记等。这个时期，他目睹的是"城头变幻大王旗"，他看到的是互相倾轧、残杀，在杭州清乡时，清乡队伍"杀了那地方人将近一千。怀化小镇上也杀了近七百人"[①]。他1922年到北京之

---

① 沈从文：《从文自传·清乡所见》，《沈从文集（9）》，花城出版社，1983年，第159页。

后，对城市文明也深感失望，城市的道德失范、军阀杀戮、百姓遭殃的程度，丝毫不亚于农村。在对乡村文明和城市文明的双重失望之中，他的审美理想和审美取向，开始向边远的（山高皇帝远）乡民纯朴恬淡的生活倾斜。或许在不久前的一个阶段，这些穷乡僻壤的芸芸众生，就曾过着这样的亲密互助的生活。他们纯朴善良的天性，是作家所向往的审美对象。于是他在小说中设计了一个理想的而非现实的、一个较为古远的而非现时的、一个和谐的而非冲突的美好世界。它或许和现实有些差别，甚至是比较大的差别，但这个世界是存在的，这是理想的存在，诗意的存在，和现代社会的丑恶残酷相对立的存在。

1986年，莫言发表了他的代表作品《红高粱》。这是一部反映抗日战争的小说，写的是作者的家乡山东高密东北乡抗战时期的生活。他写出了作者的忧虑，那便是"种"的退化。为此，他写了极端热爱、极端仇视两种感情和态度的对立。他说："高密东北乡无疑是地球上最美丽最丑陋、最超脱最世俗、最圣洁最龌龊、最英雄好汉最王八蛋、最能喝酒最能爱的地方。"那里，爱恨交织，又互相转化。他说："批判的赞美与赞美的批判是我的艺术态度，也是我的人生态度。"① 于是，他写了"我爷爷"于占鳌和"我奶奶"戴凤莲，还有罗汉大爷，他们敢爱敢恨，做出了惊天动地的壮举。他们或冲破世俗，在红高粱地里"野合"，却没有污秽；他们或敢于杀人放火，却不是强盗蟊贼。他们在日本侵占中国的时候，敢于挺起腰杆和穷凶极恶的鬼子斗，他们是失败了的英雄，他们有不屈的灵魂。莫言之所以这样写中国的农民，除了歌颂伟大的抗日战争之外，便是在十年动乱之后，他怀着中华民族"种"的退化的忧患意识，寻找中华民族那种"勇敢坚强，不怕一切，不畏艰险"的民族性格和民族精神。历次的政治运动，特别是"文化大革命"十年，在黑白颠倒、是非混淆、黄钟毁弃、瓦釜雷鸣的非常时代，那种"天不怕，地不怕""坚持真理，坚持正义"的民族风气和民族性格渐渐消失，一种逆来顺受、见风使舵的奴性风气却潜滋暗长。在这种情况下，莫言在作品中呼唤"野性"，寻求民族之"种"的主题，渐次形成。"野性"

---

① 中国青年报，1986-7-18

对于暗夜是一种"捣乱",对于专制是一种反驳,对于"奴性"是一种反动,在彼时彼地是具有进步意义的。但"野性"是双刃剑,"野性"在某种条件下是进步的、革命的,但却不能无限制地发展,必须限制在一定范围之内。"野性"无限制地膨胀,便会形成另一种负面效应。为此,莫言把对"野性"的呼唤,放到抗日战争的特殊环境之中,使"我爷爷"、"我奶奶"、罗汉大爷等人的"野性",是针对日本侵略者、封建习俗和封建礼教的。这样一来,呼唤"野性"的负面效应便降低了。其实,如果我们把人性的需求,放到人类历史发展的链条上来考察,"野性"置放的时段性并不是特别重要的。因为这种东西在突破"专制"和反"奴性"的要求上,在任何时间段上都是适应的。

不难看出,沈从文和莫言这两部代表作的审美取向是相反的,一个趋向"和谐"和"恬静",一个趋向于"野性"和"有种"。但两位作家的审美理想却是惊人的一致。他们的创作都是针对当时的社会风尚而发,反其道而行之。沈从文面对乱世杀人、百姓痛苦不堪的现实,设计一个"世外桃源"与之对抗,表现了这位作家的审美价值观是为老百姓着想的,他想让老百姓有一个像"茶峒"那样的朴实、善良、和谐的生活环境;莫言在"奴性"成为时尚的环境中("卑鄙是卑鄙者的通行证,高尚是高尚者的墓志铭"——北岛),在《红高粱》中呼唤"野性"(反抗性,反奴性),也是希望中国的老百姓不要为奴性所役,而要自尊自强,具有健康的人格。从两位作家的审美理想来看,他们是相同的,那就是希望中国民众的性格是健康的,既诚实、诚挚、和平友爱,又敢爱敢恨,不具有奴性。这是一个民族应有的性格的两个侧面,如果这两个侧面都具备了,那么中国民众的性格便是健全的、健康的。为了呼唤健全、健康的民族性格,两位作家在不同的时代,针对当时的社会风气,设计出两幅截然相反的画面,在相异的审美取向的背后,却表现出相似的审美理想。这也说明两位作家的社会良知和社会责任感是相似的。

在两位作家撰写作品的时代,一个成熟的、健康的、健全的民族性格还没有形成,唯其没有形成,作家才进行艺术形象的塑造,并通过艺术形象的塑造表现了他们相同的审美理想。今天，中华民族正走在复兴之路上，重铸民族灵魂的时机已经成熟，中国民众的性格正在向良性方向发展。预计在不太长久的将来，这种民族灵魂良性发展的成熟期便会到来，这正是两位作家和我们所殷切期盼的。诚如是，沈从文可以欣慰于九泉，莫言可以告慰于文坛矣！

‖ **作品来源** ‖

发表于《美与时代（下）》2011 年第 7 期。

《边城》与《红楼梦》的比较

尹变英

导　读

　　《边城》是沈从文的代表作，也是现代文学中最有东方古典神韵的作品。拿它跟《红楼梦》比较，可以看出《边城》在作品的内在神韵、故事的爱情主线、悲剧精神、创作的艺术风格等方面与《红楼梦》的契合之处，对于深入了解沈从文对传统的借鉴和吸收，并对其进行现代转化和表现有一定的帮助。

　　在现代文学史上，沈从文属于那种对传统的文化艺术明确表示喜爱和广有借鉴的作家。他在对古代文学作品的涵茹陶泳中形成了自己独树一帜的文学风格。他曾说："由《楚辞》、《史记》、曹植诗到'桂枝儿'小曲，什么我都喜欢看看。从小又读过《聊斋志异》和《古今奇观》。"①虽然没有直接提到《红楼梦》，但《红楼梦》是中国小说史上最经典的作品，具有非常深远的影响力，其后的小说或多或少都会得到它的滋养。沈从文曾计划写一部《红楼梦》似的家族史，已经写了"楔子"，被代号为"红楼梦"。②这部作品没有写成。沈从文受《红楼梦》的影响却是肯定的。他的《边城》就和《红楼梦》颇有神似的地方。

　　首先的相似之处，在于作品体现出的那种东方神韵上。沈从文曾评价朱湘的诗说："以一个东方民族的感情，对自然所感到的音乐与图画意味，由文字结合，成为一首诗，这文字，也是采取自己一个民族文学中所遗留

---

①　《沈从文选集（第五卷）》，四川人民出版社，1983 年。

②　黄永玉:《太阳下的风景》,《从文自传》，人民出版社，1979 年。

的文字，用东方的声音，唱东方的歌曲，使诗歌从歌曲意义中显出完美。"①
这种东方的感情和神韵在他的《边城》里也有很好的体现。而《红楼梦》
当然是这方面的集大成者。何为神韵，即洋溢在作品字里行间的审美情趣
和韵味，笼络和缠绕在作品中的"遇之匪深，即之愈稀"②的意境。作家的
写作，从本原意义上来说，都有着一种寻觅故乡的原始情怀和冲动，对逝
去的一切的深情追怀。《红楼梦》是曹雪芹对自己生命中几个女子的追怀，
《边城》是沈从文回乡后看到物非人更非的故乡而对心中的故土的深情眷
恋。这种感情一直浓郁地贯穿在作品的整个基调中。所以，他们最初的冲
动就是要创造"美"，即由优美的环境、纯真的人情和美丽的女孩所构成
的意境。大观园是花的世界。《红楼梦》里起的诗社都是以花命名的，什
么海棠社、菊花社、桃花社。最高洁与脱俗的景观更与花有关：早春的红
梅映雪，宝琴踏雪寻梅；晚春的花落水流红，黛玉葬花；宝钗扑蝶，更有
湘云的醉眠芍药裀："果见湘云卧于山石僻处一个石凳子上，业经香梦沉酣
了，四面芍药花飞了一身，满头满衣襟上皆是红香散乱。手中的扇子在地下，
也半被落花埋了，一群蜂蝶闹穰穰的围着他，又用鲛帕包了一包芍药花瓣
枕着。"③这些以花喻人的诗和与花交融的景显然是大观园，也是《红楼梦》
中最美的意境。这些意境的创造，用的都是"东方"也即传统的文字、意
象和情感。《边城》的意境比起来要古朴、山野化和异域一些。沈从文的
意象突出的是水。开篇即勾勒出了一幅古朴而略带伤感的图画："有一小溪，
溪边有座白色小塔，塔下住了一户单独的人家。这人家只一个老人，一个
女孩，一只黄狗。"④"三丈五丈的深潭皆清澈见底。深潭为白日所映照，河
底小小白石子，有花纹的玛瑙石子，全看得明明白白。水中游鱼来去，全
如浮在空气里。两岸多高山，山中多可以造纸的细竹，长年作深翠色，逼
人眼目。近水人家多在桃杏花里……"⑤自然是这么美，一个美丽的少女
翠翠撑着一只渡船，在这青山绿水间来往穿行。翠翠在梦里"灵魂为一种

---

① 《沈从文文集（第十一卷）》，花城出版社，1984年，第121页。
② 《二十四诗品·冲淡》，司空图。
③ 《红楼梦·第六十二回》，人民文学出版社，1988年。
④⑤ 《沈从文文集（第六卷）》，花城出版社，1984年。

美妙歌声浮起来了，仿佛轻轻地各处飘着，上了白塔，下了菜园，到了船上，又复飞窜过悬崖半腰——去作什么呢？摘虎耳草！"①花和水都是最典型的传统意象，它们与少女交融而构成的清幽意境完全是东方式的。

曹雪芹对少女的推崇和赞美可以说是旷古未闻的。《红楼梦》中的少女，像百花园中盛开的百花，各有各的美丽，各有各的命运。在中国文学史上，还没有谁这么贴近地关注、理解、传神地刻画过女子呢！说曹雪芹是女子的千古知音也不为过。沈从文也把少女当成了理想的化身。比起曹雪芹在《红楼梦》中对这些女子百花图似的既工笔又写意的描摹，《边城》中的少女翠翠只能说是一幅泼墨山水中轻轻点染的一枝山花。但是，翠翠虽然比不上红楼群芳的芬芳艳丽，她的美丽、纯真和善良也会是凝结在读者心头、挥之不去的一片云霞了。对于女性美的真正发现和表述永远是文学成功的一个重要方面，少女翠翠也代表了人们心中的一种美的理想。

《边城》和《红楼梦》的爱情主线有相似之处。翠翠、二佬和大佬之间的悲剧爱情纠葛与宝玉、黛玉和宝钗之间的爱情悲剧有着相似的动人魅力。潇湘馆的命名，就让人想起娥皇、女英啼哭湘水，泪泡斑竹的典故，而《边城》里翠翠生活的地方也正是水绕山环，山上翠竹森森，"为了住处两山多草竹，翠色逼人而来"，她才因此得名的。在"水""竹"的意象中蕴涵了对于爱情的忠贞与执着，也似乎预示着两个爱情故事的女主人公都会失落于爱情之神的眷顾，都会有类似的爱情悲剧。翠翠也和黛玉一样是无父无母的孤儿。"水"意味着隔离和孤独，"竹"既意味着生气与才情，也意味着幽深与孤独。"水"和"竹"正好代表了主人公的性情。"水"都表明着她们的纯洁天性，如黛玉说的"质本洁"，也暗示着她们逃避不了又无处倾诉的孤独。"竹"在黛玉，则是她那流溢灼人的才情："肇儿才貌世应稀"；在翠翠则是她的生气和原始的天真："为人天真活泼，处处俨然如一只小兽物。"②她们的悲剧又都带着浓郁的宿命色彩。黛玉和宝玉的爱情，注定只能是"木石前盟"在今世的嫩枝脆叶，虽动人却没有根基和前景。那一则绛珠仙子与神瑛侍者还泪的神话，注定了宝玉和黛玉的爱情悲剧。而翠翠身上分明

①② 《沈从文文集（第六卷）》，花城出版社，1984年。

有着她母亲的影子。翠翠的母亲与父亲的爱恋只能以死做结，翠翠是他们留在世上的唯一希望，可翠翠的爱情和命运却笼罩着母亲似的阴影，挥之不去。宝玉和黛玉之间有个宝钗，翠翠和二佬之间有个大佬。宝钗比起黛玉，藏的地方多，但作家并没有放弃对她的钟爱，她和黛玉经常都是相提并论的。特别是在开诗社的时候，她们的诗总是难分高低。她们的对立是"山中高士"和"世外仙妹"的平等对话。而大佬和二佬也是一样的"结实如公牛，能驾船，能泅水，能走长路"，做起事来"无一不精"。①不同处只在于大佬"豪放豁达"，而二佬细腻多情一些。宝玉喜欢黛玉，但大家都希望他与宝钗成连理。翠翠喜欢的是二佬，来走世俗公认的"车路"的偏偏是大佬，连爷爷也认为翠翠嫁了大佬是好命。宝玉和翠翠都面临着选择，他们当然都选择与自己最先相识，一见就倾心的人。但实际上他们自己又没有选择权。爱情和婚姻无法相通。黛玉听说宝玉要娶的是宝钗，当时的反应就是："如同一个疾雷，心头乱跳……那黛玉此时心里竟是油儿酱儿糖儿醋儿倒在一处一般，甜苦酸咸，竟说不上什么味儿来了……那身子竟有千百斤重的，两只脚却像踩着棉花一般，早已软了……"②仿佛是生命的支柱一下子就坍塌了，黛玉的香魂也因此而散了。而一听说来求婚的是大佬，翠翠的反应也非常激烈："心忡忡地跳着，脸烧得厉害，……心中只想哭，可是也无理由可哭。……翠翠心中乱乱的……"她心里的感觉也错乱起来："爷爷今年七十岁……三年六个月的歌——谁送那只白鹅子呢？——得碾子的好运气，碾子得谁更是好运气？……""痴着，忽地站起，半簸箕豌豆便倾倒到水中去了。"③对于翠翠这样没有一点心计的女孩子来说，这是多么沉重的一份精神压力呀，逼得她所有的前尘往事都混到一起了。爷爷已经很老了，不可能总陪着自己，那么谁为自己做主呢？求婚的竟然是大佬，母亲和父亲就是对歌而相恋的，唱歌的要是二佬就好了。送了白鹅的是二佬，那么他是喜欢自己的了，可有人有碾坊做陪嫁……翠翠的心乱了，她知道自己命运已经不在自己手上，作弄了母亲的命运也来作弄她了。世俗

---

① ③ 《沈从文文集（第六卷）》，花城出版社，1984年。

② 《红楼梦·第六十二回》，人民文学出版社，1988年。

的力量破坏了黛玉和翠翠的幸福，但她们更逃不脱的还是命运追索的阴影。作家还在作品中注入了深邃的孤独，人间最大的孤独并不是人与人之间的隔膜，而是相爱的人之间的不能相通。宝玉和黛玉之间总有这样那样的误会，宝玉说自己是"赤条条来去无牵挂"，黛玉哀叹"侬今葬花人笑痴，他年葬侬知是谁，一朝春尽红颜老，花落人亡两不知""凤尾森森，龙吟细细"的潇湘馆总给人一种阴冷的感觉。宝玉和黛玉之间的隔膜就像潇湘馆的竹子，美得让人心碎。翠翠和二佬之间也是一样。二佬喜欢翠翠，翠翠也喜欢二佬。但他们谁也没有表白过。二佬唯一的一次明确表白——在明月下，山崖上为翠翠唱了一夜的情歌，翠翠感应到了这种爱："我昨天就在梦里听到一种顶好听的歌声，又软又缠绵，我像跟了这声音各处飞，飞到对溪悬崖半腰，摘了一大把虎耳草。"①——没有得到翠翠回应，爱情终于就像梦一样消散了。大佬的死更加重了他们之间的隔膜，那份爱情也就成了翠翠无尽的等待了："那个人也许永远不回来，也许明天回来！"②而宝黛的爱情更是随着黛玉临死前的一声哀叹："宝玉，宝玉，你好……"和宝玉的出家而烟消云散了。作家给人世间的感情做了最深沉的注解。

《边城》还得到了《红楼梦》的悲剧精神。在美的诸多种类之中，悲剧美最具震撼人心的力量。《红楼梦》的悲剧美体现在书中的人物无一例外地处于不能避免地衰落和毁灭的悲剧趋势之中，人物的性格和内心也因而在这种趋势中各自表现出自己的特点，唯其如此，这些特点也表现得淋漓尽致，并且更具有动人心魄的悲剧力量，直接作用于读者内心的伦理人格层面，提升读者的内心道德水准——这就是弥漫于《红楼梦》之中的悲剧美学意味和精神。《边城》也力在构建出一种具有特别感染力的悲剧美学氛围，读者在边城的山光水色之中，在陶醉于自然美的同时，也隐隐为主人公的命运担忧，在作家展示给我们的优美意境中，似乎能够体会到那种愈来愈浓重的悲剧意蕴。亦有《红楼梦》"悲凉之雾，遍被华林"③的悲剧效果。在呼吸沮劝之间能感应到这种悲剧意蕴的，就是读者。而且，《边城》

---

① ② 《沈从文文集（第六卷）》，花城出版社，1984 年。
③ 鲁迅，《中国小说史略》，齐鲁书社，1997 年，第 185 页。

与《红楼梦》都是以优美烘托悲剧美，在情节发展过程中，写到的场景和环境越是优美，最后的发展以及悲剧性的结局就越使人不堪。如《红楼梦》的群芳争艳到最后的"花落水流红"，乃至于"花落人亡两不知"。《边城》的清明山水，融和人情，端午节的龙舟赛，一切都是明朗而快乐的。然而，那么结实如牛的大佬却突然死了，健朗的爷爷，也于一个暴雨的夜晚离开了翠翠，那个爱她的人也似乎是永远地离开了。悲剧就那么让人毫无防备地来临了，决无余地。翠翠从一个孤雏成了一个最孤独的人，没有一丝的依靠，竟还不如追随爱情而去的母亲。《边城》的悲剧像《红楼梦》一样，都全景地展示了悲剧的产生和无法拒绝的强大趋势，令人无处告语，无从逃避，正契合叔本华的第三种悲剧，用王国维的话说就是"平常之人，平常之事，逼得不得不如是"。[1]悲剧的结局是"死"，作家从"死"这一人生结局找到了价值判断的出口。他终于明白，压在他心头的实际是人生的无常，是"死"这个永恒得永远也跨不过去的主题。对于悲剧最大的承担者不是死了的人，而是活着的人，是宝玉和翠翠。宝玉已经抛却了红尘中的一切，归入空门了，翠翠还在等。希望的渺茫和没有希望哪一种更彻底呢？"食尽鸟投林"的白茫茫大地和一个孤苦地坐在永恒的门口等待的慢慢变老的女子，给人的伤感与震撼很有相似之处吧！鲁迅说悲剧是把美好的东西毁灭给人看。每个艺术家在创造了美的同时，当然都希望它永恒，但任何一个清醒的艺术家都知道，一切美都有它的瞬间性和必然消失的结局。曹雪芹和沈从文都不可避人世间必然存在的丑恶，所以黛玉才会发出"一年三百六十日，风刀霜剑严相逼"的哀叹，沈从文再美化也否认不了那些妓女和船夫的悲剧，否认不了横亘在翠翠和二佬之间的"碾坊"。大观园和"边城"的白塔作为理想世界的象征，理想也就随着大观园的"食尽鸟投林，落了片白茫茫大地真干净"而作终，白塔也在一个暴雨的夜里倒塌了。理想与现实的碰撞，使这种美更有震撼力。随着大观园的关闭和白塔的倒塌，事的诗情就已经尽了，这种悲剧，不轰轰烈烈，但给人的感觉是更有震撼力的天长地久、挥之不去的悲凉。

---

① 周锡山：《王国维美学思想研究》，中国社会科学出版社，1992年，第235页。

　　在艺术表现的风格上，《边城》也是得了《红楼梦》的精神的，即蕴浓情血泪于平淡之中。沈从文强调作家表现感情"应当极力避去文字表面的热情。我的意见不是反对热情，是想告给你的是你自己写作时用不着多大兴奋。神圣伟大的悲哀不一定有一摊血一把泪，一个聪明作家写人类痛苦或许是用微笑表现的"，[①] "把哀乐爱憎看得清楚一些，能分析它，也能节制它"。[②] 周汝昌在谈《芙蓉女儿诔》时，说曹雪芹："微物中竟然蕴涵着如此的一腔血泪？他又是以最悲痛的心情来写他'供人耳目'的'小说'，诚所谓'滴泪为墨，研血成字'。"[③]《红楼梦》几乎不对任何人任何事作明确的评判，在平静的外表下，却隐藏着一颗饱含深情的心，所以作者才会哀叹："满纸荒唐言，一把辛酸泪。都云作者痴，谁解其中味。"正好沈从文对自己的作品和读者也有类似的感慨"我因为作品能在市场上流行，实际上近于买椟还珠，你们能欣赏我故事的清新，照例那作品背后蕴藏的热情却忽略了。你们能欣赏我文字的朴实，照例那作品背后隐伏的悲痛因为忽略了。"[④] 朱光潜先生便在《从沈从文先生的人格看他的文艺风格》一文中指出，沈从文的作品"表现出受过长期压迫而又富于幻想和敏感的少数民族在心坎里那一股深忧隐痛"。[⑤] 在《边城》里，作家轻描淡写地叙述了翠翠母亲的故事，仿佛是不让死的悲剧破坏作品的美，《边城》里的环境如桃源般美，人情又是那么纯朴，但为什么容不得一对相爱的人呢？作品没有着意去说，却用这种悲剧的氛围隐隐地流露其中的消息，让读者既感受得到，又难以确指。《边城》着意让悲剧成为一种背景，就像是美丽的山水笼罩在阴云中一样，那种悲哀才是萦绕心头，拨不开，也散不去的。这正是沈从文含蓄的艺术风格的体现。刘舞在《文心雕龙·通变》中说："变则其久，通则不乏"，是说成功的作家总是善于继承前代的优秀成果，并加以创造性地发挥从而形成自己的风格。从《边城》可以看出，沈从文从《红楼梦》中得到了带有东方神韵的审美眼光和美的意象，

---

①②④　《沈从文选集（第五卷）》，四川人民出版社，1983 年。

③　　周汝昌：《红楼艺术》，人民文学出版社，1995 年，第 220 页。

⑤　　朱光潜：《从沈从文先生的人格看他的文艺风格》，《花城》，1980（5）。

但更重要的还是他在作品中对这种神韵和美极富创造性的艺术再现。毕竟，创造才是艺术的生命。

‖ **作品来源** ‖

发表于《解放军艺术学院学报》2003 年第 2 期。

"死亡"主题下女性命运的探讨
——沈从文《边城》与川端康成《古都》比较分析

张 蕾

导 读

沈从文的《边城》与川端康成的《古都》存在着极大的可比性。"死亡"是这两部作品分别表现出来的主题之一，同时，两位大家分别在作品中探讨了女性的命运问题。通过平行研究，分析作者是如何在"死亡"主题下传达其对女性命运的认识，从而深入理解两种不同的女性观。

"死亡"是沈从文《边城》和川端康成《古都》中表现出来的共同主题之一，在这一主题之下，书写女性的悲剧命运亦是二者在作品中力图寻求的主旨。在历来的研究中，并未发现史料证明二者存在某些事实联系。可是，通过分析这两部小说，却发现沈从文和川端康成在表现"死亡"主题、塑造女性形象及书写女性命运时，存在着巨大的相似性和可比性。本文试图在找出二者共性的同时，分析其中的差异性，以期达到对沈从文《边城》和川端康成《古都》的深层理解。

一、"死亡"主题的探讨

在这两部小说中，沈从文和川端康成都直接或间接地描写了"死亡"主题，其中具体表现在如下几个方面。

首先，《边城》和《古都》都采用了"孤儿"的故事模式。沈从文《边城》中的女主人公翠翠自小便是一个孤儿，父母双双自尽而亡，从未享受过母爱和父爱，她有一颗小小的、孤独的心。与年迈的爷爷生活了13年，终于在一场突如其来的暴风雨过后唯一的亲人爷爷也离她而去，从此她便只身一人生活。而在《古都》中，主人公千重子被父母遗弃，她的亲姐妹苗子由于父母双亲的早亡也成了孤儿。很显然，这些是两部小说中直接表现出来的"死亡"，虽然这些死亡未发生在女主人公身上，但却为她们的人生悲剧埋下了伏笔。

其次，两部小说中独特意象所蕴含的"死亡"意识。

沈从文的《边城》中独特的意象是"水"和"白塔"。表面上看起来水是充满灵性的、是纯美的，它联结并养育一方土地和人民，但同时，水也是隔离与孤寂的象征。一河之隔将翠翠祖孙二人置于溪水另一边，成为溪边白塔下的独户，这就注定了翠翠一生的孤寂命运；水亦是变幻莫测的，它是预示着茶峒人的命运莫定，一切故事皆因水而起，也最终破灭于水边。翠翠和二佬傩送结识并互生情愫是在水边看赛船、看赶鸭、看泅水；也由于每天摆渡于溪水之上又被大佬爱上，两男一女的悲剧爱情模式开启了；接着，情节进一步复杂化，人物之间矛盾与误会逐步产生，最终大佬溺水而亡，二佬离家出走，翠翠的爱情幻灭。而这一切人与事的独特见证者便是默默注视这一切的白塔。沈从文有意安排这一意象，看上去似乎是闲笔，实则为整部小说埋下了伏笔。人事的变迁如这溪水一般捉摸不定，唯有白塔静静矗立，观照着人事的各种变迁。可白塔却在故事的尾声中坍塌了，故事的许多人事物亦随其幻灭了，其中的"死亡"寓意是非常深刻的。一方面，翠翠周围的人不断地离她而去，爷爷和天保死了，二佬因此离家出走了，他们的或亡或离将本是孤儿的女主人公推向了更加孤寂无助的边缘，不禁会使人对这悲剧爱情和亲情背后所预示的女性的命运问题产生思考。另一方面，白塔的倒塌也暗示沈从文在前面所塑造的清新秀丽、淳朴欢愉的边城小镇的文化格局，正在遭受都市文化的侵袭。白塔的意象可以说是沈从文有意设计来象征边城宁静的生活状态的，它像是一个守护神，矗立在溪边，像是在守护着茶峒的人民；而外来的都市文化正在悄悄逼近这片世外桃源，潜移默化的力量被沈从文第一个感知到。于是，为了引起茶峒人民的保护意识，他让突如其来的暴风雨冲毁了这标志性的白塔。茶峒人开始捐钱筹划修建白塔，这实际是人们对于美好未来的向往和信心。然而，越是挽回，说明现实中的毁灭已经越来越近。沈从文似乎已经预感到外来文明必将侵蚀和同化这片净土，纯民族的文化必然会走向"死亡"，重建白塔只是作者的一种美好的愿望。可是，这种愿望在现在看来，显然是无法实现的。沈从文是带着这种先见的文化失落感进行《边城》创作的，这也是小说中笼罩着"悲哀"和"孤独"基调的原因。由此可见，《边城》中沈从文采用了独特的意象象征"死亡"的意识。

川端康成的《古都》在"死亡"主题下所采用的独特意象从老枫树干上相距约一尺的两株紫花地丁开始，这短小的距离却勾起了千重子孤单而伤感的情绪，由此感慨"上边的紫花地丁和下边的可曾见过面？它们彼此相识吗？"[①]这种弃儿的感伤，使全文被一种悲凉、沉闷的气息所笼罩，忧郁孤独的少女是在思念着某位与她有关系而又未曾谋面的人。与沈从文的《边城》一样，川端康成的《古都》也在故事的开头埋下了伏笔，但不同的是，沈从文一直到文章的最后才以毁灭性的白塔倒塌来向读者揭示其预设；而川端康成则在叙事的过程中慢慢地带着读者找到了紫花地丁的隐喻所指，两株紫花地丁分别暗指千重子和苗子这对从未谋面的孪生姐妹。前者带给人的是一种理解上的震撼力；而后者却为读者探索更深一层的喻义的线索铺了一条路。另外，在表现"死亡"主题的时候，川端康成以四季的变换来谋篇布局，他对季节的变化非常敏感，认为四季各有其美丽的意象，虽给人以美的享受，但也不免流露出落花流水终会离去的悲哀与无奈，即世间万物皆会走向"死亡"的。作者在发出人生无常的感叹时，也试图通过植物发芽、成长、开花、结果的不断轮回生发对生命轮回的思考。这种"来世观"与前面提到的沈从文对民族文化的美好期待达成了一致，是二者的共性。另外，川端康成在《古都》中表现出了自己对于民族文化的观照。《古都》所描写的就是日本的京都，是日本文化的荟萃地。作者在小说中把许多情节放到了时代节、葵节和祇园节等日本传统节日的大背景下展开，描

① 川端康成:《古都》，上海译文出版社，1985年。

述了醍醐寺、鞍马寺等日本名胜古迹，使整部小说充满了质朴、风雅、闲适的日本传统风俗特点。同样的，《边城》也采用同样的叙事方式，把端午、中秋和春节等民族传统节日作为背景，到处渗透着苗家文化的气息。可是，悲哀的是，作者愈是有意识地对民族文化进行重笔描写，愈是在暗示想要挽回民族文化走向消亡的悲剧的命运，其中也透露出作者对于古典文化的失落感。

二、"死亡"主题探源

首先，小说中"死亡"主题的形成与两位作者的自身经历有着密切的关系。川端康成自幼父母双亡，后来与他一起生活的姐姐与祖父也相继去世，童年的困苦和丧亲的悲痛逐渐养成了他孤僻、内向的性格。川端康成对"死亡"有独特的诠释。《古都》中没有明显写死亡的血腥场面，而是委婉地将"死亡"的主题蕴含于小说中。四季之景的变化，正体现了他对生死轮回的理解。虽然见惯了生命的消逝，川端却依然将"死"看作是一件崇高的事情，他常引用"再没有比死更高的艺术了"来说明"艺术的极致就是死亡"。川端康成的文学世界是充满艺术美的，其中的灵性是不言而喻的，我们甚至可以将其视为是一种艺术的极致，而这种近乎完美的艺术的实现途径便是巧妙地借助"死亡"意识来完成的。美的事物是最终要走向"死亡"的，因此，他的故事总是笼罩在一层淡淡压抑哀伤的落寞之下。而沈从文虽出生于颇具名望的门第，在优裕的生活中度过了童年，但17岁时家道中落，随后的5年，他随军队辗转，过着漂泊的生活。家道的败落，使他看清了人情的冷暖、世态的炎凉。因而，他的文学世界是孤独的。沈从文的小说充满了事物的真善美，但越是美的事物越让人担忧其结局。如他所言："一切充满了善，然而到处是不凑巧；既然是不凑巧，因之朴素的善，终将难免产生悲剧。"[①]这便是作者对《边城》"死亡"主题的直接阐释。

---

① 沈从文:《边城》,《沈从文作品集》, 花城出版社, 1984 年。

其次，两部小说中均表现出作者的文化失落感，其源自于作者对本民族文化的关注。川端康成从小喜欢日本的古典文学，日本传统的美学理念如"物哀精神""幽玄风格"在他那里得到了继承和发扬。但是，随着西方外来文化的入侵，使他深切地体会到深入探寻日本民族文化的必要性。于是，在他的作品中充满了日本民族文化的特质。而素有"乡下人"之称的沈从文，受湘西这块富有山野气息的土地的激发，产生了创作的灵感，他骨子里向往这种恬淡清幽的自然风物和淳厚质朴的乡风民俗。可当他看到都市生活的喧嚣、杂乱和病态的现实时，他意识到都市文化无所不侵的力量最终会侵蚀边城的宁静。于是，《边城》在塑造沉静秀美的世外桃源时，刻意用白塔倒塌的意象来颠覆这种美。美的毁灭留给人的不仅是遗憾，更多的是反思。沈从文正是在警示人们是时候对民族传统文化进行深刻反思了。

最后，沈从文和川端康成的作品中都展现了人性美与自然美的结合，在表现人性美的时候，他们都选择了女性的美。可以说，这两位都是写女性的大家，他们赋予笔下的女性以鲜活的生命。但是，小说中的一切悲剧和"死亡"主题又都是围绕作品中的女性展开的，其中包含着二者对于女性命运的思考。

三、男作家眼中女人的命运

《边城》中翠翠被描写成为一个大自然的女儿。"长得真标致，像个观音样子。""在风日里长养着，把皮肤变得黑黑的，触目为青山绿水，一对眸子清明如水晶，自然既长养她且教育她。"她虽然天真活泼，但小说一开头就将其置于"可怜的孤雏"的"孤儿"模式中，注定了她身上的女性美是悲剧性的。随着情节的发展，翠翠先后结识了二佬傩送和大佬天保，并将其单纯的心落在了二佬的身上，却因其羞涩冷淡致使一连串的矛盾和误会产生。最终，熟悉水性的大佬意外溺水而亡，身体一向硬朗的爷爷在一场暴风雨中突然离世，钟情于翠翠的二佬也因哥哥的死亡、父亲的反对、翠翠的态度不明而下了桃源，归期未卜，就连一直矗立在溪边的白塔也在那个夜晚倒塌了。作者将这一切解释为"一切充满了善，然而到处是不凑巧；既然是不凑巧，因之朴素的善，终难免产生悲剧"。可就是作者有意识地安排了这些"不凑巧"的同时，无意识地流露出身为男性作家对于女性悲剧命运的预示。

有人撰文称，《边城》中"沈从文将男人置于配角的地位，以衬托美好的女人"。对于这种说法，我觉得是存在很大的漏洞的。首先，沈从文并没有将男人的主体地位与女性的从属地位互换，他只是将女性推至了男性的前面，对女性的性格和形象进行了刻画，使读者对于翠翠这一人物身上所表现出来的人性美有了深刻的体悟而已。这种空间位置的突显化并不能表明社会地位也得到了突显。其次，沈从文为了避免女性的光芒过分强大，并没有直接对翠翠的外貌五官进行细致的刻画，我们所能感知到的人物只是像翠翠这样的大自然的女儿。作者似乎有意将人物类型化以模糊读者的印象，一方面避免过分强调女性而弱化男性的地位，另一方面，他的意图在于通过这样的形象来展示融于自然美之中的人性美罢了。第三，在小说的结尾，当所有人都离翠翠而去的时候，作者并没有给翠翠一个完美的结局，即使当船总顺顺向其伸出援助之手的时候，她拒绝了，作者封锁了她的出路，其用意何在？翠翠在等待中成了真正孤苦无依的人，"这个人也许永远不回来了，也许'明天'①回来！"这样的一个开放性的结局有两层含义：其一，沈从文依然在突出男性的主体地位。当女性离开了男性后，便如同一只迷失了方向的小鸟，前进的步伐停住了，只能等待奇迹的出现。如果"明天"回来，那便是奇迹，可是作者却在这两个字上加了引号，似乎暗示了这种可能性的非可能性甚或是遥遥无期，结局可能是永远不回来了，翠翠就只能在等待中老去，何其悲凉！其二，这样一个小说结尾，实则是对女性命运问题的未知，他将这个思考抛给了读者，引人深思。但是庆幸的是，翠翠们身上所体现出来的生命的韧性，至少让我们为其前途充满希望。

《古都》中也渗透着作者对女性命运问题的思考。女主人公千重子和苗

---

① 沈从文:《边城》,《沈从文作品集》, 花城出版社, 1984 年。

子是孪生姊妹,她们的身世是小说"死亡"主题下悲剧性的一大体现。同时,他采用了同样的"孤儿"故事模式,并将小说中的女性加以"弃儿"的双重身份,旨在预示其悲剧性的命运。两个人的性格截然不同,虽为一母所生,但因从小生长环境的差异,使人物性格表现出了不同的美。千重子因从小生活环境优越,是人性的善良之美,而苗子在山林中长大,是人性的自然之美。至此,我想到有学者曾用弗洛伊德的精神分析法,将千重子的善良之美理解为骨肉相斥的丑陋原念,并指出千重子是害怕自己在家中尊优的地位被跟自己一样可人的亲妹妹苗子一朝夺去,于是为了维护自己现有的一切尤其是父母之爱,最终逼走了苗子。他在文章中提取了小说中大量的线索进行了论证,有根有据,有一定的说服力。但是,他却违背了川端康成的初衷。作者在小说中虽然表现出了强烈的哀伤之感,却并不是因为骨肉亲情反目而钩心斗角。川端康成试图强调的是当女性的善良之美遇上自然之美时,该何去何从? 实际上,作者已经给出了回答,"苗子摇摇头。千重子抓住红格子门,目送苗子远去。苗子始终没有回头。在千重子的前发上飘落了少许细雪,很快就消融了。整个市街也还在沉睡着"。①川端康成选择了千重子的善良之美,目送走了苗子的自然之美。苗子跟翠翠有一个共通点,她们都是靠山吃水长大的大自然的孩子,不谙世事,加之时事变迁之速,她们根本无法赶上。于是,沈从文将翠翠留在了溪水的另一边,与尘世世俗隔离;川端康成也只好将苗子送回到大山中去。相比之下,千重子的身上便多了些尘世的善良之美,她身处富贵之家却并没因富贵毁掉其人性中的善。如果说苗子是作者理想中的女性美的话,那么千重子便是作者为所有现实中的女性找到的楷模。女性要在社会中生存,要像千重子那样,除了变通世俗之外,还要坚守人性中的善良之美。

四、结语

通过平行比较沈从文的《边城》和川端康成的《古都》,在发现二者可

---

① 川端康成:《古都》,上海译文出版社,1985 年。

比性的同时，也挖掘出了共性中的差异性。二者都在"死亡"主题下对女性的命运进行了探讨，但在表现"死亡"主题的时候由于民族文化和作者身世的不同，其具体的表现方式存在着不同；另外，在思考女性命运的问题时，也做出了不同的解释，使我们体会到了两位大家不同的女性观。

‖**作品来源**‖

　　发表于《商丘职业技术学院学报》2014 年第 3 期。

第四章

故乡韵味·民俗文化

民俗视野里的《边城》

常琦平

导 读

　　《边城》是我国现代浪漫抒情小说的代表作品之一，不同的人从不同视角对其做过解读。本文主要从民俗学的角度来阐释《边城》的价值和意义。

　　沈从文先生的湘西系列小说奠定了其在中国现代文学史上的地位。《边城》以其浓情的浪漫气质成为他最具代表性的作品。《边城》讲述的是湘西一个叫茶峒的小山城中以女孩翠翠为代表的人和事。作家从抒情性的叙述话语中展现了湘西的民俗世界，可以说《边城》中所描绘的民俗既充实了小说又成就了小说本身。

　　根据不同民俗事项的表现方式，学术界一般将民俗分为口头民俗、风俗民俗、物质民俗三大类。《边城》这篇中篇小说则不同程度地展现了此三种民俗事项，在细读品味中还可一窥民俗描写对小说谋篇布局的重要作用。

口头民俗：浓烈的生命体验和意识

　　口头民俗：包括俗语民俗和音韵民俗，音韵民俗即带有韵律的山歌、民歌等说唱文字。

　　《边城》因了那些数不清的歌子而略显温情和浪漫，更彰显了一种浓烈的生命意识。爷爷为翠翠唱的歌，翠翠渡船时所唱的歌，还有走水路的二佬为翠翠所唱的歌，边城人的船歌，为敬巫神所唱的歌，情歌等，都是生命意识的一种外化。翠翠对"茶峒人的歌声，缠绵处她已领略得出"，譬如一首迎巫神的歌："福思绵绵是神恩，和风和雨神好心，好酒好饭当前陈，肥猪肥羊火上烹……慢慢吃，慢慢喝，月白风清好过河！醉时携手同归去，我当为你再唱歌！"这些歌中显示出了人的精神状态及对生命的热爱。边城人总能用俏皮的俗语来对话，使得小说行文在温婉中突显了地域文化特色。湘西人民对生命和历史的认知在这些口头民俗中沉淀和流传下来，养成了小山城人最纯美的人性，彰显了一种人情美。比如翠翠所唱："白鸡关出老虎咬人，不咬别人，团总的小姐排第一……大姐戴副金簪子，二姐戴副银钏子，只有我三妹莫得什么戴，耳朵上长年戴条豆芽菜。"这是翠翠在端午节摆渡中看见众多女孩时所唱的歌，虽然是漫无目的的唱，但从中反映了翠翠一些朦胧的意识。诙谐有趣的歌谣一方面反映了当地的风俗，一方面也表现出翠翠对美好生活的向往和热爱。达尔文认为歌谣起源于对异性的吸引，是青年男女表达情感时为吸引异性而创作的。这也有一定的道理。《边城》中翠翠的母亲和父亲因对歌而私订终身。翠翠听到对溪高崖上二佬的歌而"摘了一把虎耳草"。中秋节边城人"因看月而起整夜男女唱歌"。

口头民俗在《边城》中奠定着小说的抒情气氛，充当小说的润色剂，流露出了浓烈的生命体验。

风俗民俗：象征性暗示

风俗民俗：以民间节日最具代表性，《边城》里的民间节日比如端午、中秋、过年等节日一方面具有娱乐功效，另一方面节日给小说中的男女青年也创造了会面的机会，控制着小说的节奏。

"边城所在一年中最热闹的日子，是端午、中秋与过年，三个节日。过去三五十年前，如何兴奋到这地方人，直到现在，还毫无什么变化，仍然成为那地方居民最有意义的几个日子。"这些节日的描写对行文的作用体现在使小说的节奏更加紧凑，在浪漫主义的精神和地域特色里，对风俗民俗的强烈感受力复活了这个民族的一段历史，描绘出了生气勃勃而又略显忧伤的场景。民间节日既象征作家的思想感情，也是追求幸福的象征。象征性物象造成了行文的双层结构。从浅层结构来说民间节日突出和强化了边城人的生活方式，深层结构则是从民间节日创造翠翠和小说中主要人物的出场，将民间节日作为符号而追求小说内涵的一种单纯而含蓄的美。

作者用相当大的篇幅来描写边城人的日常生活，借用民俗事项筑起此篇小说的结构框架。既然已经有了翠翠和爷爷以及顺顺一家的单独出场，就要有一个铺垫来制造两家人会面的机会。民间节日便是作者的选择。边城人在赛船中欢度端午佳节，而作为赛船高手的二佬就要参加划船比赛。处于青春年华的翠翠喜欢节日的热闹，寻找爷爷的翠翠在码头偶遇追鸭子的二佬。二佬派伙计送翠翠回家，"却使翠翠沉默了一个晚上"。这是翠翠和二佬的第一次会面。有了此次端午的记忆，两年来的中秋节、过年虽然给翠翠"留下一个热闹的印象，但这印象不知为什么原因，总不如那个端午所经历的事情美"。因此上一个端午节翠翠"为了不能忘记那件事"，有了和大佬、顺顺的第一次见面。又到了端午节，翠翠在成长中已经能领略人事，在吊脚楼听到人们的谈论引起她无限的心事。三个端午节的书写一定程度上象征了岁月的流逝，暗示了翠翠的成长及翠翠微妙的情感变化，丰富了小说的浪漫气氛。

物质民俗：彰显情感与人生

物质民俗：民间建筑，民间饮食，民间服饰。这些物质民俗，养成了小山城人的淳朴。

边城凭水依山而建，因此边城人有水的轻柔绵长，如翠翠，又有山的朴实坚强，如大佬、二佬；自然"长养且教育"着像翠翠一样的茶峒人。作者用细腻的笔触说到了边城的物质民俗。作者从有一座白塔的小溪边写起，镜头慢慢转向了溪里的渡船以及撑渡船的一家人的生活情境。紧接着又将笔墨投入到整个小山城的概况上，从建筑、历史、日常生活、饮食、服饰风俗的特写中传递了"眼泪与欢乐，在一种爱憎得失间，揉进了这些人的生活里"。《边城》中人们的日常生活饮食与节日服饰作为湘西文化的一面镜子，渗透着边城人的情感和人生观。

小说开篇就提到了白塔，作为边城的标志性建筑物，满足了边城人的精神寄托，白塔在虚实、动静中有了多元而和谐的内涵。随着白塔的倾废，小说的叙事情调愈显忧伤，白塔彰显了边城人的情感和人生，而后白塔的重新修葺亦暗含了作家美好的感情，给翠翠以希望，亦给读者以希望。

总之，《边城》倾注了沈从文对故乡的怀念，《边城》中的民俗描写奠定了小说的历史文化语境，在此历史文化语境中印刻着人性中的"常"与"变"。在大众时尚文化成风的今天，再看《边城》中的民俗描写，能品出一种深切的超越情怀和内在的民族禀赋。

‖作品来源‖

发表于《大众文艺》2010 年第 8 期。

《边城》中乡村民俗文化的现代启示

王菲斐

导　读

　　沈从文的《边城》是一篇有着浓厚文化氛围的乡村小说，其中的乡村民俗描写十分丰富。当前人们的文化心理的转型大大滞后于身份的转型和生活的转型，由此产生的文化断裂和心理不适较为明显。而《边城》所描写的乡村民俗文化即是化解现代"城市病"的思想资源，其中蕴含的人文精神具有较强的现代性内涵，可为民众的"文化心理转型"提供想象的空间和实践的借鉴。

　　《边城》是沈从文的代表作，它充分展示了湘西的自然美、人情美，也写出了现代"文明进步"对湘西旧有秩序的冲击。因此，《边城》既是一首优美动听的田园牧歌，也是作者对故乡复杂情感的一种表达。但大多数读者往往只看到前者，即十分欣赏《边城》所写的"美"，却总在有意无意中忽视了文本背后所隐藏的作者的"忧"。而恰恰是后者更值得我们的关注和思考。

　　今天的中国社会正在发生着深刻的变化，这种变化的核心内容即是以城市化和工业化为标志的"现代化"，中国正在经历着从传统的农业社会向现代工业社会的巨大转型。这种转型在让国人欢欣鼓舞的同时，也存在着深刻的隐忧。在当前城市化的浪潮中，人们生活方式的变化较为激烈，但人们文化心理的转型往往大大滞后于身份的转型和生活的转型，由此产生的文化断裂和心理不适较为明显。面对这种因"现代化"而导致的精神困惑，我们究竟应如何面对？沈从文在《边城》中已经悄悄地给出了部分答案。《边城》是20世纪30年代乡土小说中的一分子,其中的乡村民俗描写十分丰富。这些民俗描写具有较强的文化蕴含。我们认为,这些看似落后的乡村民俗事象实际蕴含着较强的现代性要素,其中无处不在的生命关怀精神,可在一定程度上化解现代化所导致的心理不适,可为当前民众的"文化心理转型"提供想象的空间和实践的借鉴。

湘西之所以令人神往,不仅受益于得天独厚的地理位置,更出自于文学世界中作家的钟情。作为一位从边城走向世界的作家,沈从文将自己对故乡的深情外化为文学作品,因此,在他的笔下,湘西山美、水美、人更美。当然,沈从文不会忘记自己曾经浸润其中的民俗。他将自己的创作之根深深扎在民间,通过丰富的民俗描绘传达了湘西深厚广博的人文精神。

《边城》中的民俗描写十分具体,其中的文化蕴含也十分丰富。小说所描写的民俗文化不仅对湘西的民众有重要价值,对正处于社会转型中的中国社会也有很重要的启发价值。具体而言,这种价值即《边城》民俗文化的现代性问题。它表现为以下几个方面:

首先,民俗可为现代社会人们的自我心理调适提供文化资源。

现代化带来了种种好处,却也有一定的弊端。社会剧烈转型时期往往会产生较多的社会问题,心理不适即是其中之一。当代社会流行的怀旧思潮实际就是人们这种心理不适的具体表现。怀旧本是人之常情,但当今社会,人们似乎特别热衷于怀旧。这种现象的出现不应是偶然现象,它是当今的人们对社会剧烈转型的一种心理的应急反应。不信请看,当今的人们生活上热衷于古典服饰、田园生活;艺术界则钟情于"黑白老照片"和老歌翻唱,文学界则不断推出"怀旧系列丛书",影视界热衷于历史剧创作;民俗学神话学的复兴、出版业"记忆"之类杂志的炒作等现象都在说明,怀旧已不再是一种简单的人之常情,而是生成为一件社会化、全民性的集体事件,一个极普遍的社会文化景观。李欧梵曾在《当代中国文化的现代性和后现代性》提到杰姆逊的一个观点:后现代文化的一个主要表现就是怀旧,他用的词是"nostalgia",译为"怀旧"可能并不准确。因为所谓的"旧"是相对于现在的旧,而不一定是真的旧。李欧梵认为,所谓怀旧并不是真的对过去有兴趣，而是采用怀旧的方式来满足当下社会的一种心理缺失。①

　　毫无疑问，现代怀旧风潮的产生，怀旧文化情绪的浓烈，在一定程度上反映了当代的人们在面对社会文化转型的不适应和心理的焦虑。童庆炳指出，目前我们所面临的现实是极为复杂的，但历史理性与人文关怀这两极的"错位"则是很明显的事实。历史理性呼唤社会走历史必然的路，在现实生活中表现为改革开放的推进上面；人文关怀则呼唤重视人的价值与尊严，改善人的情感生活，完善人的道德理想。但现实告诉我们的是，前者的推进，并不意味着后者也同步跟进。在一定意义上说，现实的发展恰好出现了一种人们不愿看到的"悖论"：随着改革开放的推进，人的价值尊严、情感生活、道德理想却出现了这样或那样的"滑坡"，历史理性与人文关怀出现了悖反的局面。②从这些论述中，我们可看出，人生的两难处境是现代性的必然后果，现代人生活在这样的困境中不可能感受不到自身的矛盾和分裂。舍勒由此认为，现代现象中的根本事件是传统的人的理念被根本动摇，以至于"在历史上没有任何一个时代像当前这样，人对于自身如此地困惑不解"。③当前的怀旧产生于现代社会之中，本质上就是对这一"动摇"和"困惑不解"的应对，是现代人用以稳定自身的心灵平衡，重新寻得灵魂归宿感的自我防御。现代性的怀旧，实际上是经由怀旧所能建构的家，那是精神希冀的所在，就是须能给人一种扎根在内心深处，人生有所依附和归宿的感觉。而民俗文化正顺应了这种怀旧风潮，是人们在现代社会心理、身份转型时的一种文化资源。

　　其次，民俗可为现代人生活节奏的调节提供实现的空间。

　　不管现代文明如何发展，人们对传统节日习俗是不能完全丢弃的，那是因为传统的民俗文化能够满足人们的某种需要。马林诺夫斯基在《文化论》一书中写到"物品之成为文化的一部分，只是在人类用得着它的地方，只是在它能满足人类需要的地方"，"所有的意义都是依它在人类活动的体

① 李欧梵：《当代中国文化的现代性和后现代性》，《文学评论》，1995（5）。
② 童庆炳，陶东风：《人文关怀与历史理性的缺失——"新现实主义小说"再评价》，《文学评论》，1998（4）。
③ 刘小枫：《现代性社会理论情绪》，上海三联书店，1998年，第19页。

系中所处的地位，它所关联的思想，及所有的价值而定"①。鲁迅曾在《拿来主义》对待外来文化的态度时说："取其精华，去其糟粕。"恩格斯在谈到德国的民间故事书时曾说："民间故事使一个农民作完艰苦的日间劳动，在晚上拖着疲乏的身子回来的时候，得到快乐、振奋和慰藉，使他忘却自己的劳累，把他的贫瘠的丑地变为馥郁的花园。"②这些都说明民俗文化在当今社会依然有其存在的价值。

按照马斯洛的需求层次理论，依次由较低层次到较高层次排列，分成生理需求、安全需求、社交需求、尊重需求和自我实现需求五类。这里的生理需求属于物质需求，而后面的几种均属于心理需求。当今社会，我们看到人们在满足自己基本的生存需求后，开始越来越注重心理的需要。民俗作为人们日常的生活文化之一，顺应了人们的内心需求，它具有如下功能：教化功能、规范功能、维系功能、调节功能。就《边城》中的民俗我们可以看到，它是一种宣泄、一种规范、一种维系和调节。《边城》中所描述的端午盛况营造了浓烈的节日气氛，它给单调的日常生活添充了亮色，人们享受着平日所不可能享受到的节日狂欢。同时，在集体活动中，也增强了人们的友谊，当然，它也可给日益个性化的现代社会的人们提供消除内心隔膜的机会。

现代社会节奏加快，人们承载更多的压力，这就需要文化关怀和现实的各种调节。民俗文化活动的举办可为现代社会的人们这种生活节奏的调节提供实现的空间。充分发掘乡村民俗文化的优良质素，组织丰富多样的民俗文化活动，不失为一种行之有效、简便易行的人文关怀渠道。从这个意义上来说，《边城》所措写的乡村民俗文化即是化解现代"城市病"的思想资源，其中蕴含的人文精神可为当前民众的"文化心理转型"提供想象的空间和实践的借鉴。

沈从文在对《边城》中的民俗进行记录和描写的同时也在忧虑，他担心随着"文明"的入侵和农村经济的崩溃，湘西淳朴的民风消失了，健康

---

① 马林诺夫斯基：《文化论》，华夏出版社，2002年，第17页。
② 乌丙安：《民俗学原理》，辽宁教育出版社，2001年，第31页。

的人性在时代大力的重压下坍圮:"一入辰河流域,便见出变化中的堕落趋势,即农村社会保有那点正直朴素人情美,几乎快要消失无余,代替而来的却是近二十年实际社会培养成功的一种惟实惟利庸俗的人生观。"① 显然,《边城》所着力描写的,恰恰就是" 边城"已经消失或正在消失的,而沈从文之所以不能对这些正在消失的东西无动于衷,从而形诸笔墨,其内在原因就在于沈从文认识到了其中蕴含的、丰富的文化意蕴,及其对现代社会的民众的存在意义。从中也可以看出,沈从文也在思考,民俗文化在变化了的现代社会如何实现它的价值。

作品所描写的乡村民俗文化意识,为克服现代社会物质发展和精神发展不平衡所造成的种种弊端提供了想象的空间和思想的借鉴,它使生活在这个统一、无根、无家的时代的人们获得了生存之根和精神之源。而这,正是《边城》民俗文化描写的根本意义之所在。

‖ 作品来源 ‖

发表于《牡丹江大学学报》2013 年第 7 期。

---

① 沈从文:《长河·题记》,《沈从文全集(第 10 卷)》,北岳文艺出版社,2002 年,第 3 页。

论《边城》中的民俗事象

张　琼

导　读

《边城》的成功之处在于沈从文把自己的思想和情感放在了民俗事象之中，将意蕴深厚的民俗景观作为写作的背景，将小说的人物和事件融于民俗学语境的框架中，使民俗获得了一种媒介的作用。

《边城》是沈从文笔下呈现出的最美丽的"湘西世界"，湘西的山山水水和巫楚文化氛围养育了沈从文，而沈从文又通过自己的笔把湘西故土神秘的风姿和喷涌的原始生命力展现得淋漓尽致。作家这种摆脱现实情感的重压，把感情融化在文字和故事中而表达出的深沉情感正是通过这种对民俗情感的认同而获得的。《边城》的成功之处在于沈从文把自己的思想和情感放在了民俗事象之中，将意蕴深厚的民俗景观作为写作的背景，将小说的人物和事件融于民俗学语境的框架中，使民俗获得了一种媒介的作用。因此，对民俗的理解成了对《边城》理解的一把钥匙。《边城》为读者描绘了一幅具有浓郁民族特色与边地情调的民俗风情画，小说中的民俗在被叙写的同时显现出了自有的审美意蕴和价值。

作为一种文化现象，民俗是特定地域与民族的文化名片，它存在于民间物质文化、社会组织、意识形态和口头语言等要素中间，是一个由种种民俗事象所组成的现实文化空间。换言之，民俗本身其实就是一种原生态的现实社会生活表象，一定地方的民俗就是该地方凡俗大众日常生活的真实图景。所以在深入反映一个地区的生活时，自觉地去观察和搜集在人们心灵中有着广泛影响，并在其思想性格的形成过程中起着重要作用的民俗事象，对作家塑造具有民族性格和独特个性的典型形象大有裨益。《边城》借助了一系列具有民俗符号寓意和功能的具体事象传达深邃的情感和信息，营造出文本朦胧而悠远、朴实而隽永的审美韵致。

歌谣在苗族人的生活中，特别是在各种仪式中，占着很重要的地位。苗族人不但平素能随时随地信口唱来，表达当时的情绪或叙述当地的事件，而且每当举行某种仪式或集会时，男女对歌更是日夜不休。而对歌也成了男女婚恋过程中不可或缺的重要一环，青年男子是否能寻到理想的伴侣、抱得美人归，就要看他唱歌的本事了。《边城》中的天保和傩送兄弟二人为情所困，也正是通过唱歌的形式来公平地在爱情中一决胜负的。傩送动人的歌声在夜色中飘荡，让翠翠在睡梦中感受到了这"又软又缠绵"的情意，"像跟了这声音各处飞，飞到对溪悬崖半腰……"翠翠对会唱歌的傩送生出了少女的情律，"灵魂为一种美妙的歌声浮起来了"。一曲曲歌谣让这场没有硝烟的爱情之争变得愈发温婉，同时也显露出苗族人朴素自由的情爱观念——无需父母之命、媒妁之言，也没有金钱、门当户对的限制，优美的情歌发自人的肺腑，又以全部的生命来歌唱，自有其使人着魔的魅力，怎能不叫人为之倾倒呢？青年男女完全以情爱为中心进行自由交往和恋爱，不受封建礼教的束缚与影响，他们的纵情放歌既是健康、优美又不悖于人性的自由的生命形式，同时更是狂热地追逐着生命本真意义的激情冲动和个体生命自由意志的证明。沈从文如行云流水般自由的笔触为唱山歌这一苗家风俗做了美丽动人的展示，展现出他对民歌的倾心和深刻的理解力，也展现出这种民俗中隐含的一种原始自由生命力的勃勃生机，"沈从文将这种生命力的有无上升到了一个民族整体生命力之有无的象征的高度"。[①]这种在唱歌民俗中体现出的热情智慧的生命与自然和谐的情韵正是沈从文强调的意旨所在。

在时序、季节的变化之中，各民族都有自己传统的节日，在这些节日中，最易显示出各民族的民俗特征。端午节中的划龙船、捉鸭子，是一种

---

① 葛红兵：《月下竖琴与阳光之剑——现代小说中的婚俗研究》，《江苏社会科学》，1998 年第 4 版。

湘西特有的民俗文化。这种文化不受外来文化的影响，保存的是自己民族固有的风俗习惯。《边城》中四次写到了端午节划龙船比赛，而翠翠、傩送、天保三人的情感纠葛都是因端午节而引起的。端午节将一切的悲欢离合、人事命运都串接在一起，成了小说叙事过程中的重要一环。沈从文为什么对端午节情有独钟？他在《过节和观灯》一文中写道："近年来，我的记忆力日益衰退，可是七十年前在一条六百里长的沅水和五个支流边一些大城小镇度过的端阳节，由于乡情风俗热烈活泼，将近半个世纪，种种景象在记忆中还明朗清楚，不褪色，不走样。"①他在《湘西·箱子岩》中记载了自己在看端午龙舟竞赛时的感想："从他们应付生存的方法与排泄感情的娱乐看上去，竟好像古今相同，不分彼此。"端午节人群狂欢的情景在沈从文心灵深处引起的情感是复杂的，在这个几乎与世隔绝的孤城中，人与自然融为一体，传统的民间节日与这保守封闭的小农经济社会互相渗透，有着共同的本质，端午节见证了人民的热情，热情是一种可贵的品质，是生命尚存的标志。"端午日，当地妇女、小孩子，莫不穿了新衣，额角上用雄黄蘸酒画了个王字""大约上午十一点钟，全茶峒人就吃了午饭……莫不倒锁了门，全家出城到河边看划船。"在这样一个全城出动的节日里，沈从文把人与人的交流与来往顺理成章地放在了人头攒动的河边，为青年异性的结识和交往提供了一个宽松自然的环境，让爱情故事中的男女主角自然地出场了。翠翠在小说第二次的端午节描写中与傩送相识，她用轻轻的一句"你个悖时砍脑壳的"表达了少女娇羞矜持之态，也使得她对傩送单纯的误会成为第三次端午节的伏笔。因"不能忘记那件事"，翠翠在来年又同祖父去看了半天船，但却因傩送在"六百里外沅水中部青浪滩过端午"，所以未能相见，却结识了天保和顺顺。经过四次端午节，翠翠从由祖父陪同到独自赶节，在节日民俗的启迪下，其复杂微妙的内心活动在端午节的气氛中孕育成熟，情爱意识也发生了由无知到朦胧的变化。《边城》不但为我们详细展示了端午节的热闹场面，彰显了湘西人民的粗犷放达的性格和心理，叙写了端午节这天人们以一种近乎虔诚的心态、激动的心情夹感

① 《沈从文文集（第10卷）》，花城出版社，1984年，第228页。

受这节日的美妙之处，我们由此知道端午节在湘西边民的心中占有着怎样的地位，湘西人快乐、激动与幸福的体验，是如此真实、如此单纯，如此打动人心。同时也为我们展示了湘西青年男欢女爱中饱含着生命的自由与热力，在他们生命能量的尽情释放中表达的是对活着的喜悦和生命存在的礼赞。

"赛船过后，城中的戍军长官，为了与民同乐，增加这个节日的愉快起见，便派兵士把三十只绿头长颈大雄鸭……放入河中……不拘谁把鸭子捉到，谁就成为这鸭子的主人。"捉鸭子这一端午节的附属民俗，表现出男人本能中的征服欲望。顺顺年轻时本是捉鸭子的一把好手，"在任何情形下总不落空"，但当次子傩送在十岁便能入水闭气把鸭子捉到时，顺顺解嘲似的说："好，这种事情有你们来做，我不必再下水和你们争显本领了。"捉鸭子在这儿已经成为一个成熟男性显山露水的手段，同时也成了小男孩长大成人的标志。顺顺一方面道出了自己隐退的必然和无奈，另一方面也为后人的成长感到欣慰和自豪。傩送用娴熟的技巧使自己在水中成了最受瞩目的男子，同时也赢来了人们"二佬，二佬，你真能干"的赞誉声，善捉鸭子在此体现了男人对于征服猎物多多益善的原始欲望。在端午节这样一个男女相会的时节，追赶鸭子的民间游戏同时也包含了男女追逐欢会的模式和意念，暗含了男子对女子的征服欲。所以，同伴和傩送开着这样的玩笑"你这时捉鸭子，将来捉女人，一定有同样的本领"。女人和鸭子一样，都是成熟男子的战利品，捉鸭子这一民俗事象同样显现出湘西青年男女朦胧的情爱意识的觉醒。

在《边城》中，"走车路"和"走马路"这两个婚嫁民俗事象共同建构起了一个深层的民间婚俗结构。"走车路"具有堂皇而名正言顺的特点，婚姻的缔结是双方长辈的权利和义务，而婚姻的当事人无足轻重。在这种婚姻观念的支配下，夫妻双方的责任和义务胜过情感，带有明显的汉族婚俗特点，也被认为是带有包办婚姻色彩的婚俗。"走马路"则是一条爱情胜过婚姻、情感重于义务的成婚之路，它可以飞越贫富不均筑成的高墙，喻指自由恋爱，具有典型的苗族婚俗特点。因为老船工的女儿当年和一个"营兵"私下相爱受到社会的非难而徇情死去，所以他担心翠翠也"走马路"重蹈覆辙，就希望爱翠翠的那个青年"走车路"，通过媒人来正式求婚。老船工一心想把翠翠许配给天保，并对天保说："大佬，你听我说句正经话，你那件事走车路，不对；走马路，你有份的！"并且在知道了动听的歌谣是傩送而非天保所唱时，依旧暗示翠翠"大佬也很好"，并且试探性地问翠翠："假若大佬要你做媳妇，请人来做媒，你答应不答应？"天保一开始就"走车路"，充分体现出他倾向于汉族传统的婚姻观，他将自己和翠翠的婚姻完全放在老船工的应允点头上，似乎并不关心翠翠爱的到底是自己还是傩送。而翠翠的灵魂是山歌凝成的，她爱的是要唱一辈子歌给她听的傩送。傩送和翠翠两人因歌声而产生爱情，这种单纯的气质使得两人在性情上能保持和谐一致。在这里，爱情悲剧的产生就在于这两种婚俗所体现的观念的矛盾与对立。两种不同的婚俗对于湘西这个特定的环境来说，其实就是苗族生活文化和汉族生活文化差异性的表现。在这个二元对立的婚俗结构中，沈从文所展现的这一爱情悲剧，否定了传统的婚姻，显然是有积极意义的。

列夫·托尔斯泰说，优秀文学作品最富于魅力的艺术因素之一是"基于历史事件写成的风俗画面"。[①]在《边城》中，沈从文之所以倾情于民俗，根本的一点就在于对原始生命张力的赞美及生命自由意识的张扬。所以当他不遗余力充分展示湘西传统文化的丰富内容之时，各种各样的民俗：神秘的、残忍的、热闹的、活泼的等，都实际是作者赞颂美，追求人性美，追求优美的人生形式的一个手法或方法，通过这些不为人知的湘西风情的描写，作者想借此传达的不仅是湘西的风貌，更主要是对湘西优美、健康、自然，又洋溢着勃勃生机的人生形式的称颂和追求。通过对理想中的湘西世界的描绘，表现出他对某种更为健全的民族精神和更为完美的伦理道德的呼唤，以及他对重建民族文化、重塑民族精神的渴望和决心。

‖作品来源‖

发表于《语文世界（教师之窗）》2009年第12期。

---

① 托尔斯泰：《日记》，《古典文艺理论译丛》，上海文艺出版社，2002年，第349页。

生活的自在与生命的自由——《边城》中民俗的审美解读

罗宗宇

导 读

走进"边城"世界在一定程度上就意味着走进湘西民俗世界，对民俗的解读成为了理解《边城》的一把钥匙。本文从对文本的审美意蕴和价值，以及如何体现民族特色等方面进行了详细的阐述。

作为乡土小说的一部经典，《边城》的艺术价值无疑是多方面的，其中之一就是作者以优美的抒情笔法，描绘了一幅具有浓郁民族特色与区域情调的民俗图画,小说中的民俗在被叙写的同时显现出了自有的审美意蕴和价值。

可以毫不夸张地说，每一位读过《边城》的人都会被小说中描写的各种湘西边地民俗事象所吸引，如端午、中秋和过年等当地居民最有意义的几个民俗节日，其中端午的划龙船仪式、赛后捉鸭子的场景、喝雄黄酒的风俗；中秋节整夜男女唱歌的情形；过年时舞狮子龙灯的景象无一不让人激动。而"走车路"与"走马路"的婚嫁习俗以及在川黔边地著名的苗族青年男女自由恋爱时唱歌觅偶的方式也会带给人心理的震颤，此外苗乡酒俗、丧俗等都在不同程度上使人留下记忆的烙印，正是在这个意义上，《边城》被人称为民俗画并具有了一种区域文化实感。事实上，民俗在小说中不仅成为一种主要的叙述对象和内容，而且它还充当着一种叙事的根本构架，翠翠与大佬、二佬两兄弟的情爱叙事就始终与端午节、中秋节两个民俗节日的时空相连，他们的爱情在端午节发芽，在中秋节前成长又在中秋节后生变。由于在两个民俗节日的交替与轮回中演绎爱情悲剧，小说叙事序列的推进就始终滑行在民俗的轨道上。民俗在为爱情的发展提供时空和契机之时，还关涉它的开展方式，如面对爱上同一个女人的难题，兄弟俩就依照民间唱歌的规矩来解决。更为重要的是在小说的显性叙事结构背后还对应着一个深层民间婚俗结构，一个由"走马路"喻指的自由恋爱与"走车路"喻指的包办婚姻的二元对立结构。

由此看来，走进"边城"世界在一定程度上就意味着走进了湘西民俗世界，对民俗的解读成了理解《边城》的一把钥匙。对于这一点，人们显然早有认识，但长期以来都不约而同地把注意力集中在民俗描写所带来的风俗画特点与地域色彩方面，而对民俗自身审美意蕴和价值的解读则相对忽略，从而遮蔽了对民俗和小说做深一层把握的可能性。那么，《边城》中的民俗究竟具有怎样的审美意蕴和价值呢？要回答这一问题，或许得先从对"民俗"的理解入手。众所周知，作为一种文化现象，民俗是特定地方与民族的文化名片，它存在于民间物质文化、社会组织，意识形态和口头语言等要素中间，是一个由种种民俗事象所组成的现实文化空间。换言之，民俗本身其实就是一种原生态的现实社会生活表象，一定地方的民俗就是该地方凡俗大众日常生活的真实图景。基于此，我们可以发现《边城》中各种民俗事象展现的其实就是湘西社会的一种日常生活场景，小说中写的令人欢呼雀跃的划龙船竞渡仪式、祖父死后念经起水与唱丧堂歌的丧葬风习、迎婚送亲场景、悠扬唢呐声中的"娘送女"歌曲、爷爷和杨马兵抱着酒葫芦喝烧酒的生活嗜好，打火把走夜路的习惯以及二佬在大月亮夜晚很诚实与坦白地去为翠翠唱歌等，都无一例外地成了这一场景中的具体细节。这样，小说通过对"本身是自然的"民俗事象的描述，逼近了生活的本真状态，还原了湘西社会的日常生活场景。不只如此，小说中的民俗还显现出了这一日常生活场景的自在性质，所谓"自在"是指它按自身的习惯方式在自动运转和存在。由于民俗是一个民族悠长生活史中积淀的"集体无意识""是集团文化和信仰的一部分，它并不来自正式的、制度化的教育力量，事实上它往往独立于这些力量而存在"①，因而民俗事象同时也表现

---

① 阿兰·邓迪斯:《世界民俗学》，上海文艺出版社，1990 年。

为一定区域民族群体的习惯方式，成为制约该区域人们日常生活的自然文化逻辑。在《边城》中，读者看到的正是这样一幅由民俗文化习惯制约的自在生活图景。汪曾祺在论及对"边城"的理解时曾说"'边城'不只是一个地理概念……这同时是一个时间概念、文化概念"。[①]其中文化概念上的"边城"，据笔者理解实际上是指"茶峒"这一特定区域是一个自足的文化系统，它不受外来文化的影响，而且一贯占住文化中心地位的儒家伦理道德规范在其中亦相对失效，真正起作用的是民俗文化机制，一种固有的同时也是自在的文化惯例。诸如二佬采用唱歌来作为表达爱情和解决难题的方式、翠翠用民谣巫歌来完成对团总女儿的爱情狙击、新郎在过渡时照规矩塞给爷爷一个红包、生活中"走车路"与"走马路"各自不同的游戏规则、船总顺顺过了四七才打算接翠翠进城作二佬的媳妇以及众人捐钱建塔的做法等，人们日常生活中的生死、爱恨、嫁娶行为的展开与调节无一不遵循着民俗文化习惯。这样，展现处于地理与文化边缘地带的湘西社会自在的日常生活场景就成了《边城》中民俗的首要审美意蕴和价值。

当然，其意蕴和价值并不局限于此，在更深也是更重要的层次上，它还显现着一种生命的自由，如果我们忽视了这一点就难免会变为如沈从文所担心的"买椟还珠"式的解读。民俗活动的发生学成果表明，民俗在最初起源时虽与宗教相关，如划龙船竞渡仪式据闻一多先生在《端午考》等文中的考证，它最初就是南方民族的一种祭祀水神（龙神）的活动，但它在后来的仪式化过程中逐渐由娱神变为娱人，从而由原初的一种为了生存而祈求赐福的纯粹宗教活动变为一种着重体现生命审美精神的生命活动，成了"一个民族集体创作的生活抒情诗"。也就是说，在民俗中积淀着一定群体人的生命情感、信仰、意志等精神因子，体现着该民族对生命的理解与把握，蕴含了一种生命意识。就《边城》中的民俗而言，死亡超度仪式与其说是对老船夫的送别，不如说是在灵魂不灭的神巫思维制导下的一种对来世生命自由回转的热切期待。而划龙船、捉鸭子等仪式则借助白河这一大众狂欢的广场，凸现了仪式参与者生命的热力、健美、自由与强悍，

---

① 汪曾祺：《又读〈边城〉》，《汪曾祺文集（文论卷）》，江苏文艺出版社，1994 年。

在他们生命能量的尽情释放中表达的是对活着的喜悦和生命存在的礼赞。如果说一再出现于沈从文笔下的端午节划龙船场面因包含着生命的自由与热力而尽现湘西苗族生命力的雄强的话，那么青年男女唱歌择偶的民俗则显现出一种生命的激情与个体意志的自由。翠翠是唱歌习俗的结晶，而她自己与傩送无疑又是在这一民俗中自由飞舞的精灵，在乡土民间男欢女爱的对歌习俗中，青年男女完全以情爱为中心进行自由交往和恋爱，不受封建礼教的束缚与影响，他们的纵情放歌既是健康、优美又不悖于人性的自由的生命形式，同时更是狂热地追逐着生命本真意义的激情冲动和个体生命自由意志的证明。文化人类学家本尼迪克特曾认为酒神型民族的文化性格特点是狂热，据此而言，在狂热的划龙船仪式与对歌习俗中表现的无疑就是一种充溢于人们生命中的酒神精神，它是原始生命强力的高蹈与生命自由的激情之舞，指示的是生命自由的瑰丽与辉煌。如果将湘西民俗视为一种文化符号的话，那么这种生命的自由精神无疑就是隐藏于仪式化能指背后的那个所指。

从能指穿透所指似乎完成了对小说中民俗审美意蕴和价值的应有解读，然而笔者以为，仍有必要对民俗书写中所隐含的主体精神密码进行把握，在揭示出作者融入其中的情感认识与价值立场之时，凸现出他的生命意识。我们知道，沈从文曾说自己是"对一切无信仰的人，只信仰生命"，在他的思想中，生命是与生活相对应的一个范畴，一般而言，后者指的是形而下生存的全部活动，而前者则与一种更高理想或神性联系在一起，是对日常生存的超越和抽象。在《边城》中，沈从文之所以倾情于民俗，根本的一点就在于他从这种日常的感性生活场景中表现出了生命的鲜活与自由，发现了在大众狂欢中一方面正有着生命与生活的二分，另一方面更存在着从自在生活到自由生命的精神超越。通过揭示出民俗的这种意蕴和价值，作者完成的是对于原始生命强力的赞美及生命自由意识的张扬。简言之，这是从边地走来的沈从文在融入了个人的生活体验与生命思索后唱出的不折不扣的生命赞歌。也正是在这一点上，"凤凰之子"在接受了生活的馈赠之时，也显示出了与二三十年代众多聚焦故乡陋俗并对其进行文化批判的乡土小说作家不同的主体立场。似乎可以这样说，虽然将民俗引入现代小说的并非沈从文，但自觉用民俗来传达生命赞歌（而不只是乡村牧歌）的绝对是自称为"乡下人"的沈从文。至此，人们可以发现，他在《边城》中借助优美民俗所抒发的乡土生命赞歌，与其在都市小说中揭露一些人生命力的萎缩与凝固，对那些缺乏生命强力的阉寺性人格的批判其实正是一个问题的两面。而在更深广的意义上，边地民俗中的精神内蕴不仅成了作者反思都市文明的武器，更是他实现中华民族生命力自我救赎的一种精神资源，恰如苏雪林在《沈从文论》中的所言，是"想借文字的力量，把野蛮人的血液注射到老态龙钟、颓废腐败的中华民族身体里去，使他兴奋起来，年青起来"，的确，作者希望以民俗中蕴含的生命活力与自由精神来完成最为有力的生气灌注，进而实现他的文化与民族重造理想。这样，沈从文的生命意识又与他的文化意识、民族意识获得了某种精神共振，当然对此进行具体分析已不是本文的解读任务，因而无须在此再作赘述。

‖ 作品来源 ‖

发表于《名作欣赏》2005 年第 11 期。

沈从文《边城》中的乡土情结

冉继辉

导　读

　　在《边城》中，沈从文抒写了对家乡绮丽迷人的山山水水的痴迷。作品以古朴、雅洁、明慧、潇洒随心又明澈似水的笔致，以诗化和散文化的小说体式，展示了一个遥远、奇特而又带点神秘色彩的山间水上世界，展示了一片纯朴、强健而未被都市商业文化大肆污染的自然人性的天地。

　　沈从文《边城》的文学世界是特异的"湘西世界"，湘西是中国的边地，因此相对比较完整地保留了乡土中国的文化。在这个世界中，乡情风俗、人事命运、下层人物形象往往和谐地融为一体，"湘西"所代表的是一种健康完善的人性，一种"优美，健康，自然，而又不悖乎人性的人生形式"（《从文自传》）。沈从文的乡土小说不是产生在乡土、本土，而是产生在都市。是湘西的乡土文化和城市文化（特别是北京文化）的相遇和相撞，这才产生了乡土文学。

　　所以有人说，沈从文的小说，尤其是《边城》这部小说是一个关于湘西苗族"民族寓言"的经典文本。这是不无道理的，如果我们用人物象征和心理分析的方法，来透视《边城》所隐喻着的深层次的文化内涵，就会看出，沈从文在当时有着极大的隐忧和深刻的思考。而他的这种焦虑，是由于当时的湘西苗族文化与汉族文化以及西方文化之间发生了激烈的碰撞而产生的矛盾与冲突所引起的。因此，从这个层面上说来，其也可以称得上是一部"民族寓言"的经典文本。

　　翠翠是沈从文心目中的湘西苗族文化女神，是沈从文以其独特的笔致刻画出来的具有湘西苗族特质的人物形象。"翠翠在风日里长养着……作成随时皆可举步逃入深山的神气，但明白人无机心后，就又从从容容在水边玩耍了。"这个形象可以说是"优美、健康、自然"。不过这形象也蕴含着深深的隐痛。"黄麂一样……随时皆可举步逃入深山"，隐喻苗族先人在汉族的压力下，从中原地区向洞庭湖地区迁徙，并溯沅水退入湘西的深山里，深山是他们最后的庇护所和自由天地。翠翠的形象凝聚了沈从文对民族文化的热爱，铭刻着沈从文对湘西苗族文化的无尽伤逝和眷恋。翠翠的父亲是个绿营屯戍的军人，严格地说，其是相对于苗族文化而言的。所以说，翠翠本身是汉文化（父亲文化）和苗文化（母亲文化）融合的产物。从翠翠父母的爱情悲剧里，我们可以看到汉文化与苗族文化的不平等关系。这在小说中就可以清晰地看出，如作为小说主人公之一的老船夫，这个阅尽人事、饱经风霜的老人在小说中却连个名字都没有，只是以"爷爷""老船夫""老家伙"来代替。而小说中的其他人物则似乎都有名字，如："翠翠""顺顺""天保"，等等。在这里我们可以说，"爷爷"代表着苗族古老的历史，而"翠翠"则代表着新一代的苗族文化。从某种意义上说，翠翠（苗族文化）的新生就是爷爷（苗族古老历史）的死亡。翠翠爱情的美满，既是翠翠个人的成长仪式，也是湘西苗族文化的现代化转型。当然，在《边城》的结尾，翠翠的成长并没有完成。大佬、二佬同时爱上翠翠，这是两种文化观念为争夺湘西苗族文化女神的归属权而发生的历史冲突。大佬像父亲——船总顺顺。这一形象是对与沈从文大致同龄的湘西同乡军人的隐喻，其既有先进的一面，同时也有保守的一面。正是这样的人物性格，使得其在当时的旧中国也仍然逃脱不了悲剧的命运。大佬的死，看起来觉得很偶然，但是如果从深层次上来分析，就正如二佬所说的："老家伙（老船夫）为人弯弯曲曲，不利索，大佬是他弄死的。"这句话是很有道理的，老船夫是苗族古老历史的隐喻，大佬的死，蕴含着某种必然。沈从文在《长河·题记》里说："最明显的事，即农村社会所保有那点正直素朴人情美，几乎快要消失无余，代替而来的却是一种惟实惟利庸俗人生观。'现代'

二字已到了湘西，……当时我认为唯一有希望的，是几个年富力强、单纯头脑中还可培养点高尚理想的年轻军官。然而在他们那个环境中，竟象是什么事都无从作。"沈从文以湘西军人、水手、农夫为主角的作品，如《会明》《柏子》《连长》等作品中为我们描绘了许多各种各样的"大佬"形象，其敏锐地看到了"大佬们"的悲剧性命运，他不愿大佬得到翠翠，在其看来，大佬不可能使翠翠（湘西苗族文化）得到幸福，不可能使湘西走向现代，因此，让大佬在急流中死去。实际上这也就是沈从文对以"大佬"为代表的湘西同乡大佬们的深刻的文化批判。

"《边城》中二佬的形象是沈从文对自己的隐喻。"沈从文在他的许多自传性的作品中都以"二哥"的名字出现，这在他的很多作品中我们都可以看到。那么，二佬的命运是否比大佬好？二佬真的可以拯救翠翠吗？二佬与翠翠相互爱悦，然而，有碾坊陪嫁的王小姐挡在二佬与翠翠之间。在湘西苗族文化、汉族文化、西方文化这一多重权力关系中，"碾坊陪嫁"这一意象有着无尽的文化内涵。碾坊是个封闭、循环的意象，它将水的线性流动转换成石碾的周期循环，这就可以看作是汉族文化（沈从文的父系文化）的象征。"碾坊陪嫁"这件事，对于翠翠所代表的湘西苗族文化而言，是一种"异质"。坊这种"异质"，是与边城传统的重义轻利的淳朴民风截然相反的，唯利是图的价值观念进入了边城，不可抗拒地改变着人们的生活方式。其将在前所未有的深度和广度上摧毁传统生活方式的基础，湘西古老的传统世界行将崩溃。如白塔坍倒、渡船被水冲走和老船夫的死，等等。"碾坊陪嫁"预示的生活方式就是在"一个公式里发展"的"庸俗生活"，这与沈从文来自苗族古老文化的十分旺盛的热情和少安定性发展的性格是十分不相容的。二佬对"碾坊陪嫁"的反抗可以看作是沈从文对汉族文化和西方文化霸权的反抗。"我不知道我应当得座碾坊，还是应当得一只渡船……"在这里，"渡船"是苗族文化特殊性的象征，"碾坊"是汉族文化和西方文化的普遍性的象征。选择渡船意味着捍卫苗族文化的传统和特殊性，而选择碾坊则意味着认同汉族文化和西方文化的普遍性，放弃自身的特殊性，二佬沈从文陷入了两难的困境。所以说，这也就造成《边城》这部小说没有结尾的结尾:"这个人也许永远不回来了,也许'明天'回来!"但是,这个桃源的二佬沈从文能找到返回边城的路吗?

总之,在《边城》中,沈从文抒写了对家乡绮丽迷人的山山水水的痴迷。作品以古朴、雅洁、明慧、潇洒随心又明澈似水的笔致,以诗化和散文化的小说体式,展示了一个遥远、奇特而又带点神秘色彩的山间水上世界,展示了一片纯朴、强健而未被都市商业文化大肆污染的自然人性的天地。

‖作品来源‖

发表于《文学教育(下)》2008 年第 7 期。

第五章

影城欣赏·读出自我

诗意电影：《边城》

聂晓轩

导　读

　　大陆著名导演凌子风执导的电影《边城》，有对小说质感的准确把握和镜头语汇的流畅运用。全片中用了大量的固定机位摄影和长镜头来凸现文字中的诗情画意。《边城》是一部很美的诗意电影。小说中的人情之美、人性之美和自然之美，在胶片上流转，变成了一幅幅清新隽永的图画。沈从文着重表现茶峒人身上的人性美，并在他们身上寄托着重塑民族品格的理想。

　　一部短小的中篇小说，成为中国乃至世界名著，除了沈从文的《边城》和鲁迅的《阿Q正传》，在中国现代文学史上是很难找出第三部的了。发表于1934年的《边城》是沈从文最负盛名的作品，早在1947年，上海就有电影人想把《边城》搬上银幕，结果因为政治因素和其他种种原因，直到1984年，我们才看到大陆著名导演凌子风执导的电影《边城》，该片因其对小说质感的准确把握和镜头语汇的流畅运用，获得了当年金鸡奖的最佳导演奖和蒙特利尔国际电影节的评审团最佳大奖。香港倒是1953年就上映了香港长城电影公司拍摄的《翠翠》（也是根据《边城》改编），可惜大陆很少有人看过该片。

　　影片展现在我们面前的是这样一幅画面："有一小溪，溪边有座白色小塔，塔下住了一户单独的人家。这人家只一个老人，一个女孩子，一只黄狗。小溪流下去，绕山流，约三里便汇入茶峒的大河，人若过溪越小山走去，则一里路就到了茶峒城边。溪流如弓背，山路如弓弦，故远近有了小小差异。

小溪宽约二十丈，河床为大片石头做成。静静的水即或深到一篙不能落底，却依然清澈透明，河中游鱼来去皆可以计数。"阅读小说时，文本带给我们的是田园牧歌式的遐想；观看影片时，画面直接把我们带入了梦幻般的现代桃源——湘西的茶峒小镇。

千百年来，读书人和城里人对于桃源的印象大多是充满诗意的，以为那里尽是逍遥的遗民或神仙。但是，真正住在那里的人，却没有哪一个自以为是遗民或神仙，也从不曾有人遇着遗民或神仙。他们生存在所谓的世外桃源，承载着图画的完美，同时也承载着历史的厚重。正如杨义所说，沈从文"小说的牧歌情调不仅如废名之具有陶渊明式的闲适冲淡，而且具有屈原《九歌》式的凄艳幽渺"，是真正的"返璞归真"。《边城》里渺小真实的众生既享有田园牧歌式的优美、健康和自然，也同时承受着乡村生活的单调、孤独和痛苦。沈从文在《从文小说习作选·代序》中说，他创作《边城》，主要表现的本是一种"优美，健康，自然，而又不悖乎人性的人生形式"。我们往往只注意到这一段文字，却忘了沈从文自己也承认《边城》是个悲剧，他说："将我某种受压抑的梦写在纸上……一切充满了善，然而到处是不凑巧。既然是不凑巧，因之素朴的善终难免产生悲剧……这一来，我的过去痛苦地挣扎，受压抑无可安排的乡下人对于爱情的憧憬，在这个不幸故事上，方得到了排泄与弥补。"

沈从文是中国现代文学史上一位很有个性的作家。他的作品很少用浓重的笔墨去渲染人物心情、刻画人物形象、叙述人物活动。他的一贯特色是用浅淡的字句、平静的描写、稳重的节奏来表达最深沉的情感和最惊天动地的爱情。那么如何在银幕上还原沈从文文字中这样一种含而不露而又波涛汹涌的特色呢？导演凌子风在全片中用了大量的固定机位摄影和长镜头来凸现文字中的诗情画意。爱情的表达在影片中，通常是一两个眼神的交流和一个局部细小的动作，显得格外典雅和含蓄。另外，极有中国画特色的空镜头也使整部电影有了浓郁的乡土气息。

《边城》是一部很美的诗意电影。小说中的人情之美、人性之美和自然之美，在胶片上流转，变成了一幅幅清新隽永的图画。在这些画面中，最美的无疑是影片开头的杂尘不染的茶峒风光，最令人心酸的自然是翠翠独倚船头默默等待的侧影。在影片的最后，翠翠无依无靠地在江边生活，靠摆渡谋生，一心一意等待傩送回来——而他"也许永远不回来了，也许'明天'回来"。电影在这里定格，留下的是翠翠独倚船头、若有所思的侧影。远处，漫天飘动的大雪，遮不住山上的绿树、盖不上江中的清水；近处，翠翠的黑发和脸上的红晕显得格外夺目。

　　当然，影片也不是毫无瑕疵。在我个人看来，影片中的翠翠少了一点小说中的翠翠的神韵。"翠翠在风日里长养着，把皮肤变得黑黑的，触目为青山绿水，一对眸子清明如水晶。自然既长养她且教育她，为人天真活泼，处处俨然如一只小兽物。人又那么乖，如山头黄麂一样，从不想到残忍事情，从不发愁，从不动气。平时在渡船上遇陌生人对她有所注意时，便把光光的眼睛瞅着那陌生人，作成随时皆可举步逃入深山的神气，但明白了人无心机后，就又从从容容在水边玩耍了。"这是沈从文笔下的翠翠，翠翠到底长什么模样，一千个读者就有一千个翠翠，这一点画面本来就是无法和语言相比的，我也许有点苛求了。

　　小说《边城》中，沈从文着重表现茶峒人身上的勤劳、勇敢、正直、善良而又淳朴的品德，努力挖掘他们身上剔除悲剧色彩和心理阴影后的人性美，并在他们身上寄托着重塑民族品格的理想。与鲁迅对阿Q的凡事皆以未庄标准为标准的"未庄哲学"极尽讽刺之能事不同，沈从文哼的是"乡下人"的赞歌，喷的是对"城里人"的冷语。从《边城》中拈一句作例："这些人既重义轻利，又能守信自约，即使是娼妓，也常常较之讲道德知羞耻的城市中人还更可信任"。小说的结尾，风雨中坍塌的白塔又重新屹立在溪边，应该寄托了沈先生以茶峒人"优美，健康，自然，而又不悖乎人性的人生形式"重塑民族品格的理想和信心吧！影片错失了这一个蕴含深意的细节，可能是一时遗漏吧。

‖作品来源‖

　　发表于《电影文学》2008 年第 21 期。

心素如简人淡如菊——电影《边城》评析

杨冬梅

导　读

　　针对现今影视改编的现象与存在的问题，通过电影《边城》的改编，本文试从改编本身、电影的结构与意境以及视听几个方面，来说明改编过程中应该注意的几个方面。也针对经典的《边城》文本与电影作了细致的对比，提出改编的优劣。

　　电影《边城》是凌子风先生根据沈从文先生的同名小说改编而成的，它的产生不亚于文本《边城》诞生时所产生的震撼。柯灵说过："改编文学名著，经常遇到的难题是读者先入为主，容易发生欣赏心理上的距离。"改编经典文本本身就是对自我的一种挑战，而凌先生这种向原著致敬与挑战的精神让我们深深感动，正是由于这种精神，才让我们看到一部部活灵活现的、真实的经典影片不断涌现。

一、改编

　　凌子风先生的改编遵循着一种"原著加我"的原则。首先，电影保持了原作中的地方色彩，以一丝不苟的精神从人物的语言与动作，到场景的选用和调配，从细节的设计，到道具的安排，都力图重现沈从文笔下唯美的湘西世界及其间的种种风土人情，使观众如同置于实景之中，重新目睹和感受到那碧海青山、精巧的吊脚楼与纯朴的乡情。原著的神韵，在改编的过程中，不但没有因为艺术形式的更换而被消减，相反，由于凌先生充

151

分调动了电影的直观手段，显得格外形象、逼真。

其次，改编又表现出了凌先生不囿于原著，力图实践他的"原著加我"的改编原则。在电影创作中，充分体现改编者二度创作的努力，他不但以自己丰厚的人生阅历和扎实的艺术修养准确地理解和表现原著的神韵，而且在改编过程中，为了更准确地表现主题与塑造人物，他对原著进行了适当的增删与修改，甚至在有些情节单元之间进行了重组，使影片更加精练，甚至提升了原作的意蕴。

在细读了文本与影片之后，我将它们之间的重大修改之处做了一个简单的对照：

章节	内容	文本	电影	修改肯定度
四	两年前的端午节	以倒叙/回忆进行	以顺叙结构进行	☆☆☆☆
六	拦下过渡给钱人	段落杂，对话多	段落简短，台词减少，且移到影片开始	☆☆☆
七	天保对翠翠爱的表白	"老伯伯，你家翠翠长的真标志……"及后面与爷爷的对话	无	☆☆
八	渡财主的妻女	放在爷爷赶集之后	放在摇渡花轿之后	☆☆☆☆
九	翠翠哼唱巫师还愿迎神的歌	有	无	☆☆☆
十	最后一个端午节翠翠赌气之后	二佬来了，站在翠翠面前微笑着……三个人重新回到吊脚楼上	翠翠和爷爷回家了	☆☆
十五	爷爷给翠翠唱起了那晚二佬唱过的歌	有	无	☆☆
十五	爷爷与翠翠攀谈中想到死亡	有	无	☆
十六	爷爷江边对天保的祭奠	无	有	☆☆☆☆

（续表）

章节	内容	文本	电影	修改肯定度
十七	爷爷去世后，有人过渡时翠翠的台词	有几句对白	只有一句："我爷爷他死了。"	☆ ☆ ☆
十八	爷爷的后事	很详细	很简练	☆ ☆ ☆

当然，改编的过程中也有一些小的瑕疵，就是电影中运用了太多的画外音来交代事件的背景。

二、愈境

《边城》是一种淡化情节，以意境和哲理给人带来情感震撼和思考愉快的电影样式，因此对影片意境的分析显得必要而迫切。我们分别从电影时空、电影声音及人性与自然三个方面来分析影片传达出来的诗意。

1. 影时空

"空白"是电影时空上不可缺少的一部分，与"意境"的创造有极为密切的关系。电影《边城》运用空白传达意境主要有两种形式：

形式一：它比较贴近中国山水画的特点，通常表现为静止的画面或镜头。如影片中那些远景镜头，蓝天白云，郁郁葱葱的青山，远处一座白塔若隐若现，清澈的河水中映照的倒影，以及影片末翠翠独自坐在船头的侧影。

形式二：电影空白，"它是空白在电影上的一种转义，电影空白在画面上也许没有多大的空白，它主要是一种时间上的顿歇，给角色与观众留有一些思考的空间"。如影片中，翠翠剥豆时的沉思、看到花轿后的沉思等段落都属于电影空白，它使观众与角色一同思考。如果说绘画空白是一种视觉上的意境的话，那么电影空白就是一种心理上的意境。

2. 意境与音乐

音乐在电影作品意境的创造过程中起着不可忽视的作用，在特定叙事进程中与特定画面配合的音乐，在创造影片意境中作用是极其微妙的。《边城》里的音乐最突出的就是唱情歌了。在寂静的湘西城里，一切都寂静了，这时情歌的飘至，暗示着在这种平静之下，涌动着一种热烈的爱情，且唱情歌也展示了湘西的一种民风民情，使得意境更加深远、韵味十足。

3. 意境与人性及自然

王国维先生有"境非独谓景物也，喜怒哀乐，亦人心中之一境界""不知一切景语皆情语也"，还有"大家之作，其言情也必沁人心脾"，等等。其核心都是"人性"，人性之于文学是重要的，同样，电影如果缺少了人性的魅力，也会枯燥乏味，丧失观众。

《边城》是一部充斥着人性魅力的电影，可以说《边城》中几乎没有反面人物，每一个人物的身上都散发着真善美的人性之光，人们的生活都是遵从内心最真实、最美好的一面，这种美甚至更多的是一种自然的灵动，因此，欣赏过《边城》的人们内心也是简单纯净的。

影片中有大量对大自然景色的表现，当人性美与这种自然美结合起来时，形成了一幅从内到外的、纯美的风俗画，感染并净化了我们的心灵。由此，意境从荧屏传递到观众的心里。

三、视听

（一）光线与色彩

《边城》中的色彩主要以蓝色与绿色为主，青山绿水始终是画面中的主要反应色，包括小路两边的草丛、碧蓝的河水，还有郁郁葱葱的山林，远处若隐若现的白塔，这些色彩表现出大自然不加雕饰的神韵，但后来色彩又转向黑色与苍白色，尤其在天保失事、傩送冷漠之后，爷爷的心力交瘁，再加上风雨交加的天气的烘托，夜的黑与天的苍白与此时情节的转折结合得天衣无缝。

（二）镜头

《边城》这部影片还原了小说中湘西的特色和景致，湘西在电影中有种写意画的感觉，这就使得电影相当诗意。导演凌子风先生在全片中用了大量的固定机位的摄影和长镜头来凸现文字中的诗情和画意。

另外，极有中国画特色的空镜头也使整部电影有了浓郁的乡土气息，如对天空与白云的直拍、对潺潺流水及其水中倒影的拍摄，还有对远山、白塔的拍摄等。空镜头在这里既富含剧中人物的思考，也给剧外观众以思考空间。

整部影片传递出一种淡淡的爱，像一杯香茗，醇正而久远，绵绵而不绝。在这喧嚣的后现代都市里，它慰藉着我们的心灵，它歌唱着一种"心素如简，人淡如菊"的人生。

好茶，好歌，好电影！

[[作品来源]]

发表于《电影评介》2006年第15期。

沿着叙述的脉络行走
——小说《边城》与电影《边城》叙事结构比较

任　杰

导　读

　　历来对《边城》的关注多侧重于人物描绘和湘西风土人情的描绘上，而忽略《边城》的叙述结构，本文以小说《边城》与电影《边城》作比较，突出不同艺术形式之间相异的叙事结构。

　　1934 年初，沈从文回到阔别十余年的湘西故里。同年 4 月，完成了《边城》的创作。《边城》是沈从文先生精心描绘的一幅湘西人物风情画，有着独特的叙事结构和叙事策略，其叙事艺术在中国现当代小说中具有独特的价值和意义。

　　在小说《边城》里，沈从文已"从前有座山，山里有座庙"这样质朴近乎愚笨的方式开了头，从而展开了缓慢的叙述。前两章用的是介绍的语气，从容不迫地带出了翠翠、老船夫、黄狗、船总一家，也带出了湘西的纯朴风情。这里应该是有"听众"的，照沈从文的话说，是"还认识些中国文字，在那个社会里生活，而且极关心全个民族在空间与时间所有的好处与坏处的"人。但随着叙述的行进，"听众"的影子逐渐模糊起来，沈从文敞开了自己的叙述，也打开了自己，让自身温柔的情感飘荡在整个《边城》里，让温柔的叙述之手爱抚每一个句子，使每一个句子都变得动人起来。似乎伟大的作家都有让一种情绪、心理、氛围笼罩整个作品的本领，陀思妥耶夫斯基是、司汤达是，沈从文也是。

　　沿着自然脉络行进的叙述，在第三章里微微跳动了一下。正是在这一章，叙述第一次出现感叹号（除了引用对话）："凡帮助人远离患难，便是入火，人到八十岁，也还是成为这个人一种不可逃避的责任！"沈从文一直以"乡下人"自居，其实经历了五四启蒙和城市生活的沈从文不可能再是严格意义的"乡下人"，他自己也未必不清楚。这一厢情愿偏执的自我命名与这感叹号里，有着沈从文对城市文化不认同的表情。而不认同的背后，是对浸润生命的纯朴风情的肯定。同时，这种纯朴风情与健康人性也是以城市价值体系为参照、与之作比较的。正因为如此，"边城"才有机会从沈从文的记忆中脱胎出来，呈现《边城》的面目。

在第一、第二两章各带出翠翠一家与船总一家的叙述，在第三章的"船赛"中得到了交接与会合之后的第四章里，沈从文叙述了翠翠的一个回忆，是一个插曲，一个变奏，丰富了《边城》一直缓缓流淌的旋律。

于是在第五章里，沈从文也让大佬遇见了翠翠，这样，该交代的基本交代完毕，故事的框架也初步形成，叙述的行进就有了一种便利。

而在之后的十来章里，和别的小说一样，沈从文也为叙述设置了障碍，如最突出的"大佬遇险"。设置障碍是为了更好地行进，但故事和叙述都没有在我们的心中产生跌宕。沈从文插在其中不起眼的对于风俗、人性的描写，温柔地抚平了阅读过程中产生的心理褶皱。这不单是技法，更是由于沈从文的心理节奏与心灵律动；沈从文心底中的湘西优美缓慢的笛声重复着到来与离去，平缓了爱情主题音乐的跳荡。

《边城》与现实主义主流小说不同，作品采取原生态的叙事策略，描写了湘西地处偏隅、民风淳朴的人文景观，呈现出了边地与原始生态的风貌。《边城》的叙说使湘西成了一种文化的表征，一个被充分意象化了的文化符号。同时，沈从文所建造的希腊小庙又是充满着悲剧的，平静中有悲哀——一个更大的命运笼罩住他们的生存。充满着悲悯情怀的作者，用沉静的文字谱写了一曲湘西喑哑的田园牧歌。就是这样，1934年的沈从文完成了他对边城时间与空间的双重抵达。

1949年之后，凌子风计划拍摄电影《边城》，并向沈从文先生征求剧评，之后的拍摄使用的是姚云、李隽培编写，加入沈从文意见的剧本。沈从文在意见里描述了湘西风情的一些具体细节，同时也给出了业余的指导，如"翠翠对爱情的感觉是朦胧的，盼处处注意""黄狗的出现不能使用得太多"，等等。

电影难以企及原著的思想与情感高度，似乎成了所有改编电影的宿命与尴尬。这是因为想象艺术更容易高出视听艺术，还是小说《边城》已经先入为主，我们只是在拿电影跟心中的《边城》对比？我不知道。总体说来，凌子风在导演电影《边城》时采取的是"原著"为主的改编策略。凌子风拍摄电影的时候，又根据电影文学剧本撰写了分镜头剧本，很充分地吸收了沈从文的批阅意见。对比小说和电影，可以发现，二者的人物、情节和环境以及所要表达的思想主题基本是丝丝入扣。但是，电影与文学毕竟不同。

回到原话题，镜头从沈从文先生伏案开始，切向湘西，一个俯视的视角，交代了小溪、白塔、人家。接着是近景平角的翠翠、全景渡船的老船夫。用不同的景别展示人物，既保持着与小说《边城》的某些一致，又有所不同。小说《边城》的叙述，是用语言再创造一个优美、健康、和谐的湘西世界，带有独特的氛围与节奏。而镜头，电影"叙事的眼睛"，试图保持的是画面的整饰、连贯与叙述的紧凑：男子要"烧酒"的情节是和老船夫进城连接在一起的，第一章里为钱争执和第六章里的翠翠拦路也都融汇到一个镜头里，包括翠翠让祖父吹笛子，笛子也不得不放在翠翠手中，而不是家里，等等。

《边城》这部影片还原了小说中湘西特有的景致，湘西在电影中有种写意画的感觉，这就使得电影显得相当有诗意。如对天空与白云的直拍、对潺潺流水及其水中倒影的拍摄，还有对远山、白塔的拍摄。

语言上，第十章祖父问翠翠应不应二佬进城看船赛时，两个对话浓缩为一个，翠翠的回答简短了，但不失心理的丰富，"我不去，——我陪你去"。而散落在各篇章里细细琐琐的对话，也只使用了主要的话轮。省略带着浓缩，是让每个镜头都盛得下，话放得进去，看起来不臃肿，为的都是各自的叙述。

声音是电影的重要元素，也是营造气氛的重要手段。如在《边城》中月光下，爷爷给孙女吹芦管时的那场戏中，凌子风加了夜晚杜鹃的叫声，气氛显得特别优美、幽静。音乐在电影作品意境的创造过程中起着不可替代的作用。《边城》里的音乐最突出的就是唱情歌了。在寂静的湘西城里，一切都寂静了，这时情歌的飘至，暗示着在这种平静之下，涌动着一种热烈的爱情，且唱情歌也展示了湘西的一种民风民情，使得意境更加深远、韵味十足。

而在一些地方，如祖父与翠翠沉默着返家，这里的沉默镜头没有给足够的长度。小说看起来无关痛痒的叙述，恰恰构成了想象艺术节奏的延长与回环；放在镜头里，就不好了。

可以肯定的是，凌子风同样抵达了《边城》。沈从文抵达的是记忆中的边城，凌子风抵达的是人文的文本和文本的"真实"。以视听艺术的形式去探寻、呈现小说创作者的心灵景观，毕竟不容易。

‖作品来源‖

发表于《安徽文学（下半月）》2014年第3期。

敬　启

　　《中外文化文学经典系列》是由常汝吉、李小燕主编，众多一线教师参与选编的一套大型的中学生阅读指导丛书，旨在提高中学生文学素养，使他们能从多角度了解这些文学经典著作，引导他们建立发散性的阅读思维，让他们了解中外文化文学经典著作的深刻精髓，终身受益。

　　本丛书在选编过程中，得到许多著作权人的理解和支持，欣然允诺我们选编，在此表示衷心的感谢。由于本丛书选编工作量浩大，涉及著译者甚广，我们实难一一查实。恳请本书中我们未能及时取得联系的著译者理解我们的求全之心，以免本书遗珠之憾。为保护著作权人的合法权益，我们将稿酬专账暂留我社，敬请相关作者与我们接洽并给予我们谅解。

联系人：王老师

电　话：010-64251036

现代教育出版社

2017 年 2 月